DOCUMENTS

RELATIFS

AU COTON DÉTONNANT.

PARIS

J. CORRÉARD, Éditeur d'Ouvrages militaires,
Rue de l'Est, n° 9.

J. Dumaine, neveu et successeur de G. Laguionie, rue Dauphine, 36.

B. Behr à Berlin.
Joseph Bocca, à Turin.
Decq, à Bruxelles.
J. Issakoff, lib.-édit., comm. officiel de toutes les Bibliothèques de la garde impériale à Saint-Pétersbourg.
Doorman, à La Haye.

Michelsen, à Leipsig.
Kaulfuss, Prandel et Cie, à Vienne.
Pierre Marietti, à Turin.
Muquardt, à Bruxelles.
Casimir Monnier, à Madrid.
Van Cleef frères, à La Haye.
H. Baillière, 219, Régent Street, à Londres.

A Alger, à la Librairie centrale de la Méditerranée.

1847

V

DOCUMENTS RELATIFS

AU

COTON DÉTONNANT.

Paris.—Imprimerie de Lacour, r. S.-Hyacinthe-S.-Michel 33.

DOCUMENTS

RELATIFS

AU

COTON DÉTONNANT.

PARIS
J. CORRÉARD, ÉDITEUR D'OUVRAGES MILITAIRES,
RUE DE L'EST, 9
1847

COTON DÉTONNANT.

Précis historique sur le coton détonnant. — Quels sont les hommes qui ont concouru à son invention?

Il a été fait en Allemagne et en Angleterre beaucoup d'expériences sur le coton fulminant; nous faisons connaître aujourd'hui celles de ces expériences qui ont été publiées par les journaux allemands. Nous en reproduirions la traduction sans aucun commentaire, si nous n'y avions trouvé des plaintes amères de M. le docteur Otto, et quoique nous ne sachions pas au juste de qui il se plaint, il nous paraît nécessaire d'expliquer la part qui lui revient dans une découverte dont on ne peut prévoir aujourd'hui toutes les conséquences.

MM. Schonbein et Bottcher ont proclamé, il y a peu de mois, qu'ils avaient trouvé le moyen de fabriquer, d'une manière fort simple avec du coton et d'autres matières faciles à se procurer, une composition détonnante bien supérieure sous tous les rapports à la poudre actuelle. Cette nouvelle se répandit bien vite dans le monde entier, la renommée l'accompagna de circonstances fabuleuses que favorisait le mystère dont les deux chimistes entouraient leur découverte. Les imaginations se mirent partout au travail, et deux personnes étrangères à l'armée vinrent séparément présenter au comité d'artillerie une composition de coton fulminant, dont chacune voulut garder le secret. Les choses en étaient là, et on annonçait seulement que MM. Schonbein et Bottcher commençaient à faire des expériences en Angleterre lorsqu'un journal français fit connaître que M. le docteur Otto, professeur de chimie à Braunschweig, avait trouvé une préparation qui produisait un coton détonnant, donnant de très bons résultats dans les armes à feu, et qui, en ayant une force beaucoup plus grande que celle de la poudre, offrait l'avantage de ne pas produire de fumée et de ne pas laisser dans les armes le résidu qui les encrasse actuellement.

La lettre dans laquelle M. le docteur Otto fit connaître sa préparation, commence ainsi : « Sans le concours de
« MM. Schonbein et Bottcher, et en m'appuyant sur une
« observation de Pelouze contenue dans mon Traité de
« Chimie (2ᵉ vol., p. 136), j'ai réussi à produire un coton
« détonnant qui....... Pour faire arriver le plus prompte-
« ment possible les découvertes importantes à un haut de-
« gré de perfection, il faut les livrer à la publicité pour que
« beaucoup de personnes puissent s'en occuper. Je ne veux
« pas, pour cette raison, vendre mon secret, ni prendre un
« brevet d'invention ; et je porte ma découverte à la con-
« naissance du public. »

Le but de M. le docteur Otto a été rempli, car aussitôt une multitude de personnes ont mis en pratique sa préparation, qui a été bientôt rendue plus facile par l'introduction de l'acide sulfurique; et MM. Kannarsch et Heeren, Knop et Kind firent également connaître au public ce perfectionnement.

On ne saurait, à notre avis, trop louer ce qu'il y eut de générosité et de véritable libéralisme dans la conduite de M. le docteur Otto, à qui revient une belle part dans l'honneur de la découverte du coton détonnant. Nous ne voulons pas dire pour cela que cette découverte lui appartienne tout entière, sans qu'aucun autre y ait concouru en rien ; MM. Reinaud et Favé ont montré dans leur *Histoire des Origines de la poudre à canon*, qu'il a fallu de longs efforts et le concours de plusieurs peuples pour arriver à l'emploi que nous faisons de cette poudre ; l'histoire du coton détonnant et de son application aux armes à feu est moins longue, et l'on peut nommer le petit nombre de personnes qui l'ont amené au point où la préparation se trouve aujourd'hui.

C'est d'abord M. Braconnot qui étudie l'action de l'acide nitrique sur certaines substances végétales contenant beaucoup de charbon, et qui forme l'oxyline, substance qui brûle très vivement. Ensuite vient M. Pelouze, qui étudie l'action de l'acide nitrique concentré sur le coton et le papier ; il produit un composé nouveau, une matière qui brûle très vivement et détonne même sans laisser de résidu ; le papier se comportant comme le coton, M. Pelouze a l'idée d'employer ce papier à faire les gargousses qui doivent contenir la poudre de guerre ; il croit que l'on pourra ainsi diminuer les dangers provenant du papier ordinaire, qui reste enflammé dans la pièce. M. Pelouze ne va pas au-delà. Viennent MM. Schonbein et Bottcher, qui publient qu'ils ont trouvé le moyen de donner au coton, par une préparation fort simple, des qualités supérieures à celles de la poudre ; ils font mystère de leur préparation : M. Otto, aidé de cette indication, prend pour base les résultats obtenus par M. Pelouze, et fabrique un coton détonnant qui peut être employé pour le tir des armes à feu. Chacune des personnes que nous venons de nommer a une part dans la découverte, qui ne serait pas aujourd'hui connue du public, sans son intervention. Ce qui, en outre, appartient à M. Otto seul, c'est la générosité de sa conduite à laquelle nous nous plaisons à rendre hommage.

EXTRAITS

De la Gazette universelle de Darmstadt

SUR LE COTON DÉTONNANT.

M. le docteur Otto prépare le coton détonnant. — Sa lettre à la *Gazette Universelle*. — Perfectionnement notable apporté à la préparation de M. le docteur Otto. — Tir dans les petites armes. — Production d'acide.—Première épreuve dans un canon ; elle réussit. — Avantages et inconvénients que peut présenter l'emploi, à la guerre, du coton détonnant. — Expériences faites en Prusse. — Résultats remarquables. — Nombreuses données d'expériences. — Résultats obtenus à Vienne. — Opinion à Saint-Pétersbourg.

Extrait du n° 123 (13 octobre 1846.)

Braunschweig, 7 octobre.

Depuis 2 jours tout le monde, vieux et jeunes, civils et militaires, s'occupe presqu'exclusivement du tir au moyen du coton préparé. Le professeur Otto, chargé en cette ville de la chaire de chimie au collége Carolina, a précisément réussi à préparer le coton de telle sorte qu'il pourrait remplacer avec grand avantage la poudre employée jusqu'à présent, et, avec un grand désintéressement, il a donné de la publicité à son invention. On ignore encore naturellement si son procédé est le même que celui de MM. Schonbein et Bottcher ; cependant il paraît à-peu-près certain que les résultats de sa préparation sont les mêmes que ceux obtenus par ces Messieurs avec la leur, autant du moins qu'on peut en juger jusqu'à présent avec le peu qu'ils ont fait connaître sur l'espèce et la manière de préparation du coton ; je communique seulement le peu qui suit d'après les données de M. le professeur Otto qui les fera connaître plus au long dans les journaux : Le coton sera trempé dans de l'acide nitrique concentré et fumant, puis fortement lavé à l'eau froide, et alors séché à une chaleur médiocre (environ 60 Celsius) sur un plateau de fer, avec interposition d'une feuille de papier. Voici toute la préparation qui est simple, et n'offre que peu ou presque pas de danger. Le coton représente en quelque sorte ici le charbon et le soufre, et le salpêtre conserve sa force agissante : cette préparation a, sur notre poudre actuelle, l'avantage essentiel de ne laisser aucun résidu, et de ne pas occasioner une fumée puante obscurcissant la vue libre et attaquant les poumons. L'influence que ces circonstances peuvent avoir sur la stratégie ne peut se mesurer en totalité au moment de la nouveauté de la chose, et nous nous bornerons ici aux remarques suivantes : L'absence de résidu et de fumée produira une grande efficacité des armes à feux parce que le tir sera plus juste, le but n'étant pas masqué. Ce dernier résultat rendrait surtout les feux de masses plus dangereux. Dans la guerre de forteresses le feu de casemates sera très simplifié, mais cette poudre sera de préférence employée avec une grande énergie dans la guerre de mines, surtout du côté du défenseur, car on sera assuré contre la faiblesse des mines par la non existence de la mauvaise qualité de la poudre. Enfin le transport des munitions sera en partie favorisé, car une cartouche de coton pèsera moins et occupera moins de place qu'une cartouche de poudre. Nous contentant de ces déclarations, nous renfermerons provisoirement en nous-mêmes toutes les autres conjectures sur les suites possibles de cette importante découverte, car les essais et les épreuves de toutes sortes, sont entièrement nécessaires pour pouvoir dire à cet égard quelque chose de positif. Nous ajouterons seulement que la préparation susdite s'enflammera très facilement, aussi bien par une capsule ordinaire ou un charbon que par un fort coup de marteau. On fit les premiers essais de tir avec un insignifiant pistolet de poche, et, en le chargeant d'une petite boule de coton, sur laquelle on plaça un morceau de papier sans le bourrer, on obtint un résultat surprenant, car à 15 pas on perça une planche de sapin de 1 pouce et la balle pénétra encore profondément dans une seconde. On continue à faire des essais avec des pistolets et des carabines, et, d'après un ordre, notre artillerie se prépare à faire dans quelques jours des expériences avec cette nouvelle munition.

Extrait du n° 124 (15 octobre).

Relativement à cet objet, dont il a déjà été question dans le n° 123 de la *Gazette militaire universelle*, les feuilles allemandes du nord nous communiquent ce qui suit sous la rubrique de Braunschweig : « Indépendamment de Schonbein et Bottcher, et m'appuyant sur une observation de Pelouze, contenue dans mon Traité de Chimie (2° vol, p. 136), j'ai réussi à produire un coton détonnant, qui paraît, d'après les expériences faites, tout-à-fait propre dans l'action à remplacer la poudre ordinaire. Pour faire arriver aussi promptement qu'on peut le désirer, les résultats des importantes découvertes, à leur plus haut degré de perfection, il me paraît nécessaire de leur donner de la publicité, afin que beaucoup d'autres puissent s'en occuper. Je néglige donc pour ces raisons de vendre ou de faire bréveter mon intéressante découverte, dont on ne peut prévoir en ce moment les suites futures, et je la porte à la connaissance du public. — Pour la préparation du coton détonnant, on prendra du coton ordinaire bien épuré, on le trempera environ une demi-minute dans de l'acide nitrique très concentré (l'acide dont je me sers provient de la distillation de 10 parties de salpêtre sec et de 6 parties d'acide sulfurique); on le portera alors dans une eau souvent renouvelée pour le délivrer complètement de l'acide qui y est attaché, en ayant soin que la séparation se fasse convenablement, puis on le séchera fortement. La préparation détonnante est alors obtenue. — Les effets de cette préparation étonnent tous ceux qui les voient. La plus petite quantité, posée sur une enclume et frappée avec un marteau, détonne comme l'argent fulminant; elle prend feu au contact d'un corps qui brûle sans flamme, et sa combustion s'opère comme celle de la poudre; et elle produit dans l'arme, à quantité moindre, le même effet que la poudre ordinaire. — On emploie le coton détonnant exactement comme la poudre ordinaire, on en fait une petite boule qu'on pousse dans le canon, on met par-dessus une bourre de papier et enfin la balle, l'explosion de la capsule fait exploser le coton. — Sans exception, tous ceux, qui ont assisté à mes expériences, en ont été complètement satisfaits et aucun ne s'en est laissé imposer. L'attestation (donnée ci-dessous) d'hommes distingués et familiers aux armes peut aider à mon assertion. — Tandis que je livre ma découverte pour l'usage public, aussi bien en Allemagne qu'en France, en Angleterre, en Russie et en Amérique, je désire qu'elle puisse être promptement portée à un haut degré de perfectionnement, et j'espère, plein de confiance, que les hauts souverains et gouvernements daigneront me *donner, ce qu'en ma qualité de chimiste j'appelle un équivalent.* Les honorables rédactions des journaux nationaux et étrangers m'obligeront infiniment en reproduisant cet écrit.

Braunschweig, le 5 octobre 1846, docteur Otto, Assesseur-médical et professeur de chimie.

Attestation. — « Hier, le 4 octobre, nous avons assisté dans le laboratoire aux premiers essais de coton détonnant, et aujourd'hui à des résultats satisfaisants, avec des armes à feu et des charges à balle, qui nous ont convaincus.

Braunschweig, le 5 octobre 1846. Hartig, docteur, conseiller-aux-forêts. A. V. Schwarzkorpen, inspecteur des forêts ».

Cette nouvelle invention a aussi attiré l'attention générale en Angleterre. La *Gazette littéraire* contient ce qui suit : « Le coton du professeur Schonbein a été soumis à l'examen d'une commission composée d'officiers de l'artillerie et du génie, qui, après beaucoup d'essais avec des fusils et carabines, a rendu un témoignage favorable de la nouvelle invention pour l'usage des petites armes, et a expressément recommandé qu'on fît des essais en grand avec de la grosse artillerie ».

Extrait du n° 134 (7 novembre 1846).

Le professeur, docteur Otto, écrit de Braunschweig le 15 octobre : « La proposition de MM. Kannarsch et Heeren, Knop et Kind, d'employer un mélange d'acide nitrique et d'acide sulfurique concentré, en place d'acide nitrique fumant, a perfectionné à un haut degré la fabrication de la poudre-coton. Toutes les difficultés qui se présentaient auparavant pour le lavage du coton imbibé d'acide, sont maintenant complètement écartées, et on peut obtenir par une seule manipulation, et avec une convenable mais faible quantité d'acide nitrique, une préparation très détonnante. Au sujet de M. Sellier, il a été fait à Leipzig dans la fabrique de produits chimiques de MM. A. Rose et Bering, ainsi que par moi des essais pour obtenir une plus grande quantité de produits, essais qui ont donné des résultats satisfaisants. Le coton fut imbibé pendant quelques minutes dans un mélange à parties égales d'acide sulfurique concentré et d'acide nitrique fumant, puis pressuré autant que cela était alors possible, et enfin plongé dans une cuve d'eau et lavé ; le lavage s'opérait sans le moindre mélange et il en résultait un produit extrêmement friable, différent à peine du coton ordinaire, et avec lequel on poursuit à Braunschweig les expériences de tir. Je ferai les remarques suivantes sur l'usage de la préparation pour lancer des projectiles au moyen d'armes : si l'on fait brûler une petite quantité de la préparation sur une assiette, il ne reste aucun résidu ou au moins aucune trace digne de remarque de semblable chose ; brûle-t-on à la même place une petite boule, il se trouve que quelques particules sont éparpillées sans être brûlées, et ressemblent aux gerçures du papier. Met-on sur cette place une goutte d'eau, celle-ci réagit comme un acide sur le papier de tournesol, une faible vapeur acide se produit quand on la brûle ; si on en brûle plusieurs fois de petites parties sur la main, la peau se colore successivement en jaune, et si l'on en fait détonner une faible quantité dans un tube, il se produit à l'intérieur du tube une vapeur rougeâtre. Tout ceci indique qu'il se produit dans la combustion de la préparation de l'oxide nitreux qui, à l'humidité, se transforme en acide nitrique : on devra donc rechercher avec le plus grand soin si un tir très souvent répété n'occasionerait pas un mordant digne de remarque ou par lequel le métal serait attaqué. Il est aussi possible qu'il soit plus difficile qu'on ne croit, de laver cette dernière partie d'acide, et que les apparences mentionnées aient pour principe une imperfection de la préparation. »

Le professeur docteur Otto mande encore, à la date du 18 octobre : « Ce matin, environ 14 jours après que j'ai réussi à obtenir une préparation de coton employable pour le tir, on a fait ici, vraisemblablement pour la première fois, des expériences avec de la grosse artillerie, qui ont largement dépassé mon attente et celle de tout le monde, et ont justifié l'espérance par des résultats en tous points favorables. On tira 4 coups d'un canon de 6 livres, avec 12 ou 16 demi-onces de la préparation fulminante, à 800 et 1000 pas de distance, en présence de M. le major d'artillerie Orgès, et de MM. les capitaines Zuckschwerdt et Brancalio, et d'un grand nombre de curieux. Comme je me couvre par le certificat reproduit ci-dessous de M. le major susdit, je veux seulement présenter les remarques suivantes : Le coton préparé provenait, pour la majeure partie, d'un mélange à parties égales d'acides sulfurique et nitrique, et pour le reste, du résultat de diverses expériences ; pour le premier coup, on plaça sur le coton une bourre d'étoupe ; pour les autres coups, on n'en mit pas ; après le tir je mis avec la main dans le canon un grand morceau de papier de tournesol, sans me salir : je ne remarquai sur le papier aucune réaction acide, je fis ensuite longtemps pousser l'écouvillon, pendant que je tenais sur la lumière un papier de tournesol humide, mais je ne reconnus encore pas la plus légère trace de réaction acide. Je dois le dire, j'ai été hautement satisfait de ce résultat extrêmement favorable, qui me dédommageait amplement des atténuations et des inimitiés. Eût-on pu aujourd'hui tirer de la grosse artillerie avec du coton, si je n'avais, 14 jours auparavant, donné communication de la découverte d'un coton détonnant ? Certainement non ! Ceux qui pensaient que cette découverte fut faite en 1838, peuvent à juste titre la faire remonter encore plus haut, savoir à la découverte de l'acide nitrique ; si M. Pelouze eût reconnu que la remarque était applicable à un but technique, si surtout il eût trouvé une préparation propre au tir, il n'eût certes pas négligé de faire comme moi des essais de tir. Le public impartial reconnaît justement les articles entachés d'envie et de jalousie, et il les apprécie comme ils le méritent. »

Docteur Otto.

— *Certificat.* « Dans les expériences de tir faites ici avec de l'artillerie, le 18 octobre, au moyen de la poudre-coton de M. le professeur Otto, on a obtenu les résultats favorables suivants : Un canon de 6 livres atteignit le but à 800 pas avec 12 demi-onces de coton et à 1000 pas avec 16 demi-onces. Ce tir parut être complètement le même que celui qu'on obtint simultanément d'une pièce de même calibre, chargée de 2 livres de poudre à canon. Précisément de semblables portées pour une charge de poudre équipollente faisaient conclure une plus grande rapidité dans la force respective de percussion. Malgré les plus minutieuses recherches on ne trouva dans le canon aucune trace de résidu, et aussi aucun développement de vapeur dans la combustion du coton. » Braunschweig, le 18 octobre 1846.

Orges, major.

Extrait du n° 135 (10 novembre 1846).

Cela paraît être une loi de la nature que tout est soumis au changement : notre matériel de guerre n'échappera pas à cette loi ; l'invention de la poudre de guerre fut suivie du fusil avec platine à mèche ; celle-ci fut remplacée par la platine à rouet, puis par le tir dit de partisan ; enfin vint le tir à pierre remplacé dans ces derniers temps par le tir à percussion. On pouvait conclure de là avec assez de certitude qu'un jour notre poudre de guerre, déjà assez ancienne, serait dépossédée ; sa période paraît terminée : le professeur Schonbein a découvert la poudre-coton. Cette invention n'est pas seulement curieuse, mais elle peut aussi, surtout pour l'état militaire, être très importante. Tout les états l'ont apprise avec un grand intérêt, étudiée avec un grand zèle, et il a déjà été plusieurs fois trouvé, quoique le premier inventeur fasse un secret de sa préparation, ce qu'on ne peut complètement blâmer. L'état militaire ne pouvait rester en arrière, et des essais de tir de fusils et de canons avec de la poudre-coton ont déjà eu lieu. La Confédération germanique elle-même est sur le point, d'après un avis public, de faire des essais étendus à Mayence. Il ne paraît donc ni déplacé ni intempestif de présenter, dans cette feuille consacrée à l'état militaire, quelques considérations sur la poudre-coton.

Avant tout, nous remarquerons que nous ne partageons pas les vues sanguinaires des hommes qui disent que cette invention fera, dans l'art de la guerre, la même révolution que notre poudre actuelle. Cette invention réussirait déjà, qu'en général nous conserverions nos armes à feu et la manière de s'en servir, si l'on devait arriver à un emploi étendu de la poudre-coton. Mais cette époque sans doute, comme nous le ferons voir, n'est pas encore si près d'arriver.

Notre intention dans ces considérations n'est pas de discuter la fabrication même de la poudre-coton : nous la regardons comme un fait, et ne voulons qu'essayer d'éclaircir sa manière d'agir, et donner quelques explications sur les essais auxquels la poudre-coton a besoin d'être soumise avant son introduction dans l'art de la guerre.

Notre poudre actuelle consiste en charbon végétal, soufre et salpêtre, ce dernier composé de potasse et d'acide nitrique ; la combustion du charbon sépare le salpêtre dans les deux principes susdits, et l'acide nitrique, en 2 espèces de gaz : l'azote et l'oxigène existant abondamment. L'oxigène s'unit au charbon pour faire de l'acide carbonique qui, avec l'azote devenu libre, est le moyen poussant ou agissant. Le soufre sert, par son effet mécanique, en qualité d'amorçoir chimique, et surtout pour la séparation de la potasse en ses deux principes, potassium et oxigène : ce dernier se réunissant au charbon pour produire de l'acide carbonique expansif, pendant que le soufre se réunit au potassium et reste à l'état de sulfure de potassium, cela en parfaite combinaison chimique, après la combustion complète de la poudre.

La poudre-coton consiste au contraire, d'après ce qu'on sait jusqu'à présent, en coton et en acide nitrique : le coton fournit un charbon menu qui, par sa combustion, décompose l'acide nitrique, s'unissant à l'oxigène de cette acide pour former de l'acide carbonique et isolant l'azote. Nous avons donc ici les mêmes gaz expansifs, l'acide carbonique et l'azote, comme dans la poudre ordinaire. Le soufre n'est pas nécessaire, parce qu'on n'a besoin, ni de son action mécanique mentionnée par l'inflammation, ni de sa présence pour la décomposition de la potasse qui manque ici.

L'absence du soufre et du potassium dans la poudre-coton explique pourquoi elle ne donne ni résidu opaque, ni fumée, qui n'est autre chose qu'un peu de résidu entraîné par la rapidité de l'explosion et mélangé de quelques parties non brûlées.

Dans ce court essai d'une explication de la manière d'agir de la poudre-coton, nous ne sommes à dessein entrés dans aucun détail, et nous ne voulons pas la donner pour complètement juste, mais nous croyons qu'au moins, quant à l'essentiel, la chose doit être ainsi. Peut-être se forme-t-il une réunion d'oxigène et d'azote en oxide d'azote, ce que paraît indiquer le rapide explosion de la poudre-coton comparativement à la poudre actuelle. Mais il faut toujours admettre que la poudre-coton contient la matière dans un rapport si convenable et si extraordinairement heureux qu'elle se décompose entièrement en gaz expansifs, ou autrement, comme on l'entend et on l'admet généralement, qu'il ne reste aucun résidu. Si ce rapport favorable n'existait pas, du charbon ou de l'acide nitrique non décomposé pourrait peut-être rester en excédant. Les deux, formeraient un résidu, et le dernier ne serait pas seulement nuisible au métal, mais au tireur. D'après des avis publiés, on a remarqué effectivement dans les essais un reste d'acide nitrique. L'auteur a vu en effet que le papier de tournesol rougissait fortement, lorsque la poudre-coton, donnée pour être la meilleure, brûlait.

Ce n'est pas le cas avec une bonne fabrication, aussi la poudre-coton a-t-elle à cet égard un très grand avantage sur la poudre ordinaire, parce qu'elle peut faire diminuer, d'une manière admissive, le vent du boulet, et faire disparaître, pour l'emploi dans les casemates et dans les mines, un important obstacle, la fumée. Le tireur en campagne ne sera plus masqué par la fumée de la poudre. Nous ne voulons pas examiner plus au long les avantages de la poudre-coton sur la poudre actuelle, mais bien passer aux expériences auxquelles il faut la soumettre, avant qu'on puisse rien dire de précis sur son emploi à la guerre.

1° Avant tout, la poudre-coton doit fournir la force nécessaire, de manière que par elle, le projectile soit lancé à la distance qu'on a en vue, sans qu'il soit nécessaire d'avoir recours à de hautes élévations. On peut s'en assurer par de tir, cela doit avoir lieu avec toutes les pièces et armes à main en usage, afin qu'on apprenne s'il est nécessaire de faire, pour les différentes armes, des poudres-cotons de diverses qualités. On ne devrait pas en admettre plus de 2 ou 3 sortes ; savoir pour les mines, pour l'artillerie et pour les armes de main.

2° Cette force doit être constante afin qu'on n'obtienne pas à un moment d'autres résultats qu'à un autre moment ; sans cette propriété très essentielle on ne pourrait donner aucune table de tir, et la poudre perdrait tout son mérite. Grâce à cette stabilité d'effet, non seulement une même fabrication donne toujours, à circonstances égales, les mêmes résultats, mais aussi des produits de diverse fabrication ne donnent pas de résultats essentiellement différents, c'est-à-dire que l'on est certain de la fabrication.

3° La poudre-coton doit avoir de la durée, c'est-à-dire qu'elle ne doit pas perdre sa force avec le temps. Cette inaltérabilité est un point difficile et des plus essentiels, dont la fixation durera beaucoup d'années, parce que le temps peut agir sur la poudre-coton d'une manière qu'on ne peut prévoir ni juger à l'avance, ni par la chimie, ni par d'autres recherches. Un exemple nous est connu, celui des allumettes à friction qui ne laissaient rien à désirer dans l'année de leur confection, mais qui ne sont plus employables après 5 années de bon emmagasinement. Quelle durée faut-il exiger de la poudre ? L'expérience apprend que la poudre ordinaire reste employable pendant un siècle. Il est superflu de démontrer en détail que les états doivent posséder de grands approvisionnements. Mais dira-t-on peut-être : on peut garder le coton comme tel, et ne le transformer qu'au moment du danger. Remarquons alors que ce coton transformé pourra ne pas être employé immédiatement, on doit

COTON DÉTONNANT. 2

donc conserver de grands approvisionnements de la munition toute confectionnée, et il faut sous ces circonstances que la poudre-coton conserve ses qualités primitives.

4° Il faudra examiner si le coton, qui ne croît pas en Europe, pourra arriver en tout temps, surtout dans le cas d'une guerre avec l'Angleterre qui fermerait la mer. On parle déjà de plusieurs matières équivalentes.

5° La bonne fabrication en grand ne devra être ni plus difficile ni au moins plus dangereuse que celle de la poudre ordinaire. Il en est de même de la préparation des munitions. Comme on ne peut pas mesurer la poudre-coton pour chacune des millions de cartouches nécessaires, mais qu'on doit la couper, ce qui exigera plus de temps, la confection des cartouches sera comparativement plus longue que celle des cartouches de poudre, d'autant plus qu'avec une si petite quantité, comme cela se prévoit, on s'apercevra rigoureusement de la moindre différence de poids; on ne doit pas négliger ces questions : comment fera-t-on les cartouches? mettra-t-on le coton dans un tube de papier? comment le soldat l'ouvrira-t-il? le coton ne restera-t-il pas, après l'ouverture, dans ce tube? ne sera-t-il pas involontairement retiré de ce tube, et ne deviendra-t-il pas humide?

6° Les armes ne devront pas trop souffrir. Comme la poudre-coton fait si rapidement explosion que de la poudre placée dessus et dessous ne brûle pas, il pourrait arriver que les bouches à feu fussent attaquées à l'excès, sans néanmoins produire dans le tir l'efficacité nécessaire.

7° La poudre-coton doit, sans grand inconvénient, pouvoir supporter ce degré d'humidité auquel on ne peut la soustraire dans les gibernes et les charriots, lorsqu'elle se trouve à l'état de cartouche. Elle doit pouvoir supporter ce degré d'humidité même si, comme on le prévoit, elle recouvre quand on la sèche sa force complète, parce que ni le temps ni l'occasion ne sont toujours favorables pour faire sécher, et parce qu'on ne peut abandonner ce soin au soldat ni dans son quartier, ni au bivouac.

8° Elle doit permettre de la transporter sans danger dans des charriots, ou comme munition dans la poêle.

9° On devra rechercher quelle influence une plus ou moins grande compression dans la charge de la cartouche, aura sur le tir ou sur l'arme elle-même ; si une semblable influence existe, comme on peut le présumer, on devra en même temps découvrir comment une différence dans la pression pourra être prévenue ; mais si cela peut avoir lieu dans la charge, on pourra encore se demander si la même chose ne pourrait pas se reproduire dans le transport dans les chars ou les gibernes. Peut-être la poudre-coton se pelotonne-t-elle elle-même avec le temps.

10° Le prix de la poudre-coton doit ne pas être élevé hors de proportion.

La feuille militaire hebdomadaire communique l'extrait suivant des *Archives pour les officiers des corps royaux de l'artillerie et du génie de Prusse*.

La poudre-coton, trouvée par le professeur Schonbein, a excité l'attention publique à un si haut degré, qu'il convient d'indiquer ici les résultats de quelques expériences faites avec cette substance. Mais il faut, auparavant, expressément remarquer :

Que ces expériences ne doivent être considérées que comme provisoires et nullement comme épuisant le sujet;

Que ces expériences n'ont pas eu lieu avec la préparation même de Schonbein, mais avec un autre coton préparé; d'où il suit que l'emploi de la matière préparée par l'inventeur lui-même pourrait donner d'autres résultats peut-être plus favorables, dont la connaissance pourrait mettre plus ou moins complètement les nôtres à l'écart.

Le caractère de l'explosion du coton-poudre gît dans ceci : que sa combustion, comparée à celle de la poudre ordinaire, fournit, il est vrai, plus de gaz, mais que ces gaz se produisent plus lentement; tandis que les préparations fulminantes fournissent moins de gaz que la poudre ordinaire, mais que ces gaz se produisent plus rapidement; de telle sorte que, sous ce point de vue, les préparations fulminantes tiennent à-peu-près le milieu entre la poudre-coton et la poudre ordinaire.

Comme annexe à cette considération, on peut mentionner l'expérience suivante : Quoique la poudre-coton agisse plus violemment que la poudre ordinaire dans les armes à feu portatives, les petites fusées, chargées avec du coton, ne pouvaient mettre en mouvement, par leur tir, un léger pendule auquel elles étaient attachées, tandis que ces fusées, chargées avec de la poudre, donnaient au pendule, un départ jusqu'à un angle de 25 degrés.

La poudre-coton, pressée dans les tubes, brûle très lentement, et produit en outre un très faible éclair, environ comme la flamme d'une chandelle allumée.

Chargé dans une arme portative, le coton ne donne presqu'aucun recul ; tandis que l'angle de départ de cette arme, attachée à un pendule, est, par le tir, presque le même que celui qu'on obtient quand l'arme contient une charge de poudre ordinaire correspondante pour la production de la même vitesse initiale.

Enfin, voici une expérience qui parle en faveur du plus long développement des gaz : comparativement avec la poudre, l'efficacité de l'emploi du coton augmente beaucoup avec le poids du projectile et le degré du serrement. Le fusil pendule donne, par exemple, avec une charge de 30 grains de coton et 1 balle, une vitesse initiale de 815' ; avec un cylindre de plomb pesant 1 balle $\frac{1}{2}$, il donne une vitesse initiale de 1565', et avec un cylindre de plomb pesant 2 balles, une vitesse initiale de 1506'.

A cette lente production de gaz, se joint aussi un faible développement de chaleur, de telle sorte que le canon du fusil n'est pas encore chaud après 20 coups et même davantage, et que le tube métallique tiré plein de coton peut encore, après le tir, se tenir dans la main nue, tandis que le même, tiré plein de poudre, devient rouge par le tir.

Ces propriétés de la poudre-coton garantissent, dans la pratique, l'important avantage que son emploi, non-seulement échauffera peu les pièces d'artillerie, mais surtout qu'elle les attaquera moins que la poudre ordinaire. Les canons de fusils se rouillent pourtant plus par l'emploi du coton quand, après le tir, on ne les nettoie pas avec soin.

Outre le faible recul déjà mentionné, le coton possède encore l'avantage de ne laisser, après le tir, aucun résidu dans le canon et de ne produire aucune fumée : ce qui est d'une haute importance pour la guerre en rase campagne, et surtout pour les feux de casemates, de blockhaus, comme pour la guerre de mines.

On a pourtant remarqué que, dans quelques tirs exécutés avec de la poudre-coton dans des espaces fermés, il se produisait une vapeur acide très pénétrante, et que les yeux des assistants éprouvaient une sensation pénible.

Pour la comparaison de l'efficacité de la poudre-coton et de la poudre ordinaire, on a calculé les vitesses initiales comme on les obtient avec un fusil pendule convenablement disposé. Les résultats sont chaque fois la moyenne sur 5 coups :

On obtient :

Avec un canon de fusil,
Et avec une charge de poudre   grains, une vitesse initiale de

ordinaire de	160		1176,8'
—	100		1133,7'
poudre-coton de	30		1027,7'
—	20		764,7'

Avec un canon de carabine,
Et avec une charge de poudre

ordinaire de	120	id.	1032,6'
poudre-coton de	30		1085,7'
—	20		539,4'

Avec un canon de pistolet,
Et avec une charge de poudre

ordinaire de	120	id.	777,6'
poudre-coton de	30		890,3'
—	20		658,0

DÉTONNANT.

D'où il résulte que la poudre-coton donne :
Dans le tir du fusil ;
Avec une charge pesant les 3/10 de la charge de poudre ordinaire, une vitesse initiale plus faible de 109'
que celle de la poudre ordinaire.

— 1/5 — 149'

Dans le tir de la carabine :
Avec une charge pesant le 1/4 de la charge de poudre ordinaire, une vitesse initiale plus forte de 52'

— 1/6 — faible de 494'

Dans le tir du pistolet :
Avec une charge pesant le 1/4 de la charge de poudre ordinaire, une vitesse initiale plus forte de 112'

— 1/6 — faible de 120'

que celle de la poudre ordinaire ;

De telle sorte que l'emploi de la poudre-coton paraît surtout être avantageux avec les courts canons.

Avec un mortier-éprouvette en fer, la poudre-coton donne, avec une charge de 3 demi-onces, une portée plus grande de 40 pas que la poudre ordinaire avec une charge de 9 demi-onces.

Il faut ajouter que, pour les fusils et les pièces d'artillerie, la quantité de poudre-coton nécessaire pour produire la même efficacité a presque le même volume que la charge de poudre ordinaire correspondante, et qu'à cet égard, la poudre-coton ne présente aucun avantage, mais aussi qu'elle n'offre pas de désavantage sur la poudre ordinaire.

Le coton, quand il est fortement pressé, prend feu difficilement et ne fait pas explosion, mais brûle avec une faible énergie, propriété qui peut être précieuse pour la conservation et le transport des matières non ouvrées.

La poudre-coton ne s'enflamme par un violent coup que si elle est étendue sur une faible épaisseur, d'où résulte cette apparence particulière, que la partie frappée par le marteau fait seule explosion, et que le reste est rejeté sans avoir été brûlé.

Si la poudre-coton, considérée sous d'autres points de vue, est plus chère que la poudre ordinaire, il ne faut pourtant pas oublier que, par une fabrication en grand, convenablement dirigée, on l'obtiendrait, relativement à son efficacité, au moins au même prix, sinon à un prix plus bas, que la poudre ordinaire.

Avec les avantages tout-à-fait importants à beaucoup d'égards que nous venons de mentionner, la poudre-coton présente les inconvénients qui suivent :

1° La poudre-coton agit beaucoup plus inégalement que la poudre ordinaire. — Dans des expériences faites le même jour il y eut pour des charges de même vitesse initiale les maximums de variations de portées qui suivent :

	Poudre ordinaire.	Poudre-coton.
Avec le fusil.	95'	169'
Avec la carabine.	159'	295'
Avec le pistolet.	205'	463'

Cette inégalité d'effet tient à ceci :

A. — Qu'il est difficile de se procurer chaque fois du coton et de l'acide d'une qualité également bonne.

B. — Qu'une préparation convenable présente de grandes difficultés. La poudre-coton agit en effet différemment.

Suivant que le coton a trempé plus ou moins longtemps dans l'acide ; suivant que cet acide est plus ou moins pur, plus ou moins concentré : le coton préparé avec de l'acide frais donne pour vitesse initiale 1029,2', et préparé avec de l'acide déjà une fois employé 917,8'.

Suivant que le coton préparé est plus ou moins bien étendu.

Suivant la température à laquelle il est séché.

Enfin suivant la manière dont, avant l'emploi, il est plus ou moins bien étiré ; si cela n'a pas eu lieu avec soin, non-seulement une partie considérable non brûlée est rejetée par la bouche et la lumière, mais l'effet est tellement amoindri que, par exemple, une vitesse initiale obtenue par un premier coup de 596,3', monte dans un second coup, toutes les autres circonstances étant d'ailleurs égales, à 1059,1'.

Dans la fabrication de petites quantités, ces considérations ne sont pas d'une si grande importance, parce qu'on peut plus ou moins en faire abstraction. Mais ces difficultés deviendront très sensibles lorsqu'il s'agira, pour la fabrication annuelle, de plusieurs milliers de quintaux, car on ne peut oublier que même les moindres différences dans la nature des matériaux, se feront d'autant plus sentir dans l'effet, que cet effet sera plus grand.

C. Que le coton se laisse aussi, dans la charge des bouches à feu et des fusils, plus fortement et plus inégalement presser que la poudre, et que par conséquent cela doit aussi rendre l'effet inégal.

Les cartouches dans lesquelles le coton a été légèrement introduit, donnent avec un canon se chargeant par derrière 985', et lorsqu'il est plus comprimé 1029' de vitesse initiale moyenne.

Les cartouches, placées par derrière dans le canon, donnent avec une charge de 45 grains 1253', et lorsqu'elles sont fortement comprimées avec la baguette, seulement 1053,9' de vitesse initiale.

D. Que le coton attire plus d'humidité que la poudre ordinaire. Placé dans un air humide, le coton prend en 6 jours 1,90 p. 000 d'eau, et placé avec de l'eau sous la cloche vide d'une machine pneumatique jusqu'à 3,10 p. 000. La poudre ne prend jamais plus de 1,5 p. 000.

30 grains de coton placé à
    l'humidité donnent 838,3' de vitesse initiale.
30 — sec — 1042,4'
100 — de poudre ordinaire
    placée à l'humidité 1142,8'
188 — sèche donnent 1193,4'

Le coton non-seulement perd donc plus en force que la poudre, mais aussi il agit plus inégalement qu'elle.

E. Que déjà à la température de 65 à 70 R., en quelques minutes, une volatilisation de l'acide commence, car du papier de tournesol, placé au-dessus du coton, rougit fortement, mais vraisemblablement il suffirait pour cela d'une plus basse température agissant longtemps, car par exemple avec de l'étoupe une semblable décomposition

DÉTONNANT. 27

a déjà lieu à une chaleur montant seulement à 26° après une exposition de deux heures de temps.

Ces difficultés augmenteront tellement les difficultés de la fabrication de la poudre-coton, que d'un côté l'on aura à craindre qu'elle ne soit pas suffisamment sèche, et de l'autre que trop séchée elle ne produise une évaporation d'acide, défauts qui sont l'un et l'autre d'une influence désavantageuse sur l'uniformité de l'effet.

Un jour d'expérience, 30 grains de cette poudre-coton sèche donna, avec un fusil, 917,8' de vitesse initiale, et alors comme plus grande différence de cette vitesse 169,3'.

Exposée 6 jours à l'air humide, où elle avait attiré 1,90 pour 100 de son poids d'humidité, elle donna avec une vitesse initiale de 848,3' pour plus grande différence 234,3'. Il y avait, dans quelques coups, non-seulement du coton non brûlé lancé par la bouche et la lumière, mais on en trouvait aussi après chaque coup dans le canon.

Placée 11 heures sur un bain d'eau, où elle avait perdu 6 $\frac{1}{2}$ pour 100 de son poids, elle donne une vitesse initiale de 638,2', et alors, comme maximum de différence de cette vitesse, 589,6'.

La poudre-coton, préparée de la même manière, peut donc, suivant la manière dont elle est conservée, comme aussi suivant le mode employé pour la charge à égalité de poids pour la charge et la balle, donner une vitesse initiale moyenne une fois de 683, une autre fois de 1042', et une différence maximum, sur 5 coups, de 589' : inégalité comme il ne s'en présente pas dans l'emploi de la poudre ordinaire.

Mais on peut aussi admettre, contre toute vraisemblance, que les défauts de la poudre-coton dont il a déjà été question jusqu'ici, ainsi que ceux que fera indubitablement naître son emploi en grand, peuvent être complètement laissés de côté : c'est pourquoi il faut encore mentionner les propriétés suivantes, qui parlent contre l'emploi exclusif à la guerre de la poudre-coton en remplacement de la poudre ordinaire.

2° La grande inflammabilité de la poudre-coton, puisqu'elle fait explosion à une température de 70°, tandis que la poudre ordinaire ne fait explosion qu'à 240°, rendra la conservation, le transport, la confection des munitions, et la préparation même de cette poudre, beaucoup plus dangereuses que celles de la poudre ordinaire. — Qu'on se représente les soldats autour d'un feu de bivouac, avec des gibernes pleines de poudre-coton faisant explosion à 70°!

3° Dans les canons, la poudre-coton fortement comprimée n'agit presque pas : on ne peut donc se passer de la poudre ordinaire, ou au moins de ses matériaux, pour la confection des fusées, étoupilles, etc.

4° La confection des gargousses et cartouches avec la poudre-canon durera en outre longtemps. Les charges de poudre pour les bouches à feu, comme pour les armes portatives, se mesurent actuellement et s'introduisent dans les gargousses ou les cartouches. Avec l'emploi de la poudre-coton, cela n'est plus possible. Il faudra plutôt peser chaque charge isolée, puis la mettre avec le plus grand soin dans les cartouches et les gargousses. Avec l'excessive consommation qu'on fait de munitions, surtout en cartouches, cette circonstance doit être prise en grande considération.

DÉTONNANT. 29

5° Avec les dispositions existantes, le coton est inemployable pour les charges du fusil d'infanterie, des carabines et des pistolets.

On ne peut naturellement donner aux soldats le coton sans qu'il soit renfermé dans une cartouche.

Le coton ne se vide pas du cartouche comme la poudre. Il faut donc pousser au fond de l'arme toute la cartouche pleine, et celle-ci sera alors, dans la plupart des cas, non enflammée par le tir. Mais que la cartouche prenne efficacement feu à chaque tir, alors le coton ne détruit pas le papier du cartouche, et une partie de ce papier, et même, comme nous l'avons déjà dit, une partie du coton, lorsqu'il est humide, reste dans le canon, tellement que la sûreté exige que l'on emploie le tire-bourre après chaque coup. On pourrait, il est vrai, arriver à faire disparaître ces inconvénients par l'emploi d'autres matériaux pour l'enveloppe des cartouches (1), ainsi que par un changement de disposition dans les cartouches et les fusils : on ne peut pourtant mettre en doute que l'emploi du coton, même avec toutes les améliorations dont il est susceptible, ne conserve pas des avantages assez importants pour justifier une modification complète de nos armes à feu portatives et de leurs munitions.

Avec les propriétés que possède la poudre-coton dont on s'est servi dans les expériences faites jusqu'à ce jour, il ne peut être question de l'employer à la guerre, et on devra

---

(1) Le cartouche (patronenhülse), c'est le papier roulé simplement : La cartouche (patrone) c'est le tube chargé et confectionné : malheureusement cette distinction disparaît au pluriel : mais nous nous sommes arrangé pour que le sens de notre version fut sans ambiguïté. (*Note du traducteur.*)

même y renoncer pour toujours si l'on ne réussit pas à le rendre moins inflammable et moins hygroménique, ainsi qu'à rendre impossible sa décomposition, au moins dans les circonstances les plus indispensables, la conservation et le transport des munitions de guerre.

On a essayé de se servir, à la place de coton, d'étoupe et autres matières fibrineuses, qui ne pouvaient pourtant avoir l'avantage sur le coton, que si on en avait en quantité suffisante, de même qualité et à bon compte. Les expériences faites jusqu'à présent ont, au reste, démontré que l'étoupe était, sous tous les rapports, bien inférieure au coton. Ainsi, elle entre déjà en décomposition à 26° R., et, avec une charge de même poids, donne une vitesse initiale de 404,1', avec une différence maximum de 209,5', tandis que le coton, avec une vitesse initiale de 1042,4', ne donne qu'une différence maximum de 88,8'.

Vienne, 7 novembre. — Les expériences faites par l'artillerie avec de la poudre-coton ont, il est vrai, donné en somme des résultats satisfaisants; pourtant l'avis du général de division (feld marschall lieutenants), baron Simm, est qu'il serait peu convenable d'employer régulièrement la nouvelle invention pour l'artillerie, tant à cause de l'incertitude du transport, qu'à cause du vent de nos pièces, qui est basé sur l'engorgement produit par la poudre actuelle. On pourrait pourtant s'en servir dans certains cas, où un corps de troupes, dépourvu de munitions, pourrait en toute hâte en confectionner pour satisfaire à son besoin de tirer. On voit par là que la poudre-coton ne peut jouer, jusqu'à présent, que le rôle d'un remplaçant.

Saint-Pétersbourg, 15 novembre. — D'après l'opinion du professeur Wostreffenski, la poudre-coton, préparée d'après les données d'Otto, est à peine en état de remplacer la poudre ordinaire, à cause des raisons suivantes : 1° parce que le coton est un produit exotique, et que par conséquent la préparation de la nouvelle matière de tir dépend en quelque sorte de son importation ; 2° parce que le coton, par suite de l'action de l'acide sulfurique, se pelotonne, ce qui rend difficiles les manipulations subséquentes ; 3° enfin parce que la structure poreuse et creuse du coton le rend trop inflammable, et que si, par conséquent, on l'employait en quantités quelque peu considérables, il briserait facilement les parois du canon de fusil. On ferait disparaître ces inconvénients si l'on prenait, comme le professeur le propose, à la place du coton, de la petite écorce nettoyée. L'écorce est une matière à bon marché, et qui a, au point de vue chimique, les mêmes parties constitutives que le coton : ses fibres sont plus fermes et plus élastiques, et ne se mêlent pas, dans la manipulation, comme celles du coton. La poudre-écorce, préparée dans le laboratoire de l'Université de cette capitale, s'enflamme presqu'aussi promptement que la poudre-coton, fait explosion aussi violemment, ne laisse aussi ni charbon, ni suie, mais brûle un peu plus lentement. Cette dernière propriété fait espérer au professeur que la poudre-écorce pourrait s'employer avec succès pour la grosse artillerie. «Vraisemblablement, conclut-il en terminant son avis, on devra, suivant le but qu'on se propose, préparer la nouvelle poudre avec différentes matières : pour charger des mines, des pistolets, etc., on devra peut-être adopter la poudre-coton, dont la combustion est rapide; mais, pour les fusils et les bouches à feu de gros calibre, il faudra donner la préférence à la poudre-écorce.

COTON DÉTONNANT.

EXPÉRIENCES FAITES A LA DIRECTION DES POUDRES ET SALPÊTRES.

Préparation de divers échantillons. — Tir au fusil-pendule. — Résultats. — Observations diverses. — Résumé.

Résumé des expériences faites, jusqu'au 4 novembre 1846, à la Direction des poudres et des salpêtres de Paris, sur la manière de préparer le fulmi-coton, et sur ses propriétés physiques et balistiques. (Note de M. le colonel Avéros, communiquée avec l'autorisation de M. le lieutenant général Neigre.)

« Dans tous les essais qui ont été faits, on a préparé le coton, d'abord non cardé et ensuite cardé, en le faisant tremper dans un mélange, à parties égales d'acide azotique concentré et de bon acide sulfurique, et on a lavé immédiatement cette substance à grande eau.

« M. le capitaine d'artillerie Susane, aide-de-camp de M. le lieutenant général baron Neigre, directeur des poudres, et M. de Mézières, élève-commissaire à la raffinerie des salpêtres de Paris, ont exécuté et continuent ces expériences.

« On a d'abord préparé 50 grames de coton, suivant le procédé indiqué plus haut, et en faisant varier la durée de l'opération, la quantité et l'état des acides, etc., etc.

« Les épreuves au *fusil-pendule* ont commencé le mardi, 3 novembre, en faisant varier les charges et le mode de chargement.

« Cinq échantillons, de 10 grammes chacun, de fulmi-coton ont été préparés.

« *Premier échantillon.* — L'immersion de cet échantillon dans les acides, a duré deux minutes; on a lavé à grande eau.

« *Deuxième échantillon.* — Cette première préparation ayant fait connaître qu'il fallait éviter soigneusement que le coton eût des contacts avec l'air, on mit une quantité d'acide plus considérable, l'on y noya complétement le coton, et le vase fut couvert d'un obturateur. Au bout de dix minutes, on retira un coton très bien réussi.

« *Troisième échantillon.* — Il n'a été trempé que pendant cinq minutes, parce que quelques pointes de coton se relevèrent au-dessus du niveau des acides; il fallut le noyer comme le précédent. Pour éviter cet inconvénient, on a chargé, dans les préparations suivantes, le coton de plusieurs disques en verre.

« *Quatrième échantillon.* — On a voulu savoir si le mélange acide, qui avait déjà servi à tremper du coton, avait encore des propriétés assez énergiques pour, en y ajoutant une nouvelle dose de mélange, en tremper un deuxième échantillon. L'immersion a été de quinze minutes; le coton paraissait bien réussi: on en fit deux parts à peu près égales. La première fut lavée et séchée; et la seconde, après avoir été lavée à l'eau pure, fut trempée dans de l'eau saturée de salpêtre et séchée.

DÉTONNANT.

« *Cinquième échantillon.* — Il a été trempé, pendant une heure, dans le mélange acide de la préparation précédente, sans y rien ajouter.

« On a ainsi obtenu six échantillons différents sous le rapport de la durée de l'immersion, depuis deux minutes jusqu'à une heure : les trois premiers, préparés avec des acides neufs; le quatrième, avec un mélange qui avait servi une fois; le cinquième avec un mélange ayant servi deux fois; et, en outre, une partie du quatrième échantillon ayant été lavée dans de l'eau salpêtrée. Ces différents échantillons sont désignés sous les n°s 1, 2, 3, 4, 4, 5 et 5.

TIR AU FUSIL-PENDULE.

« L'échantillon n° 1 a été tiré successivement à la charge de 1, 2, 3 et 4 grammes et a fourni les résultats suivants :

	vitesses initiales. m.
Charge de 1 gramme.	128,161
de 2.	223,186
de 3.	178,372
de 4.	433,206

Le troisième coup, à la charge de 3 grammes, fait anomalie. Cela provient de ce qu'on n'avait pas songé, en chargeant, qu'il fallait conserver aux charges une hauteur proportionnelle à la quantité de coton qui y entrait, et déterminée précédemment à $0^m,024$ pour 1 gramme. Cette charge avait été réduite à $0^m,037$ de hauteur, et le coton se trouvait trop tassé. Il fut alors résolu qu'on donnerait aux charges autant de fois $0^m,024$ de hauteur qu'elles contenaient de grammes.

« La détonation est très forte, plus forte que celle d'une quantité égale de poudre à mousquet; mais le bruit est d'une autre nature et moins fatigant pour les oreilles: c'est un coup très sec.

« Tout le coton, quelle que soit la longueur de la charge, brûle dans l'intérieur du canon et ne produit aucune trace de fumée. On n'aperçoit qu'une très courte flamme à la bouche, et l'impression de la balle, dans le plomb du récepteur, est au moins aussi forte que dans les coups à poudre à mousquet donnant la même vitesse. On sent une légère odeur analogue à celle de la plume brûlée.

« Il n'y a point, dans le canon, de crasse proprement dite ; mais on y remarque une très grande quantité de vapeur d'eau condensée, qui force à passer chaque fois un linge dans le canon : ce linge est toujours un peu noirci, soit par une petite quantité de charbon non brûlée, soit par un effet chimique sur le fer.

« L'échantillon n° 2 a donné les résultats suivants :

	vitesses. m.
Charge de 1 gramme.	180,964
de 2.	218,070
de 3.	383,884
de 4.	463,304

« Par inadvertance, on avait laissé à la charge de deux grammes une longueur de 55 millimètres au lieu de 48 ; ce coup a été faible, il eût été de 280 mètres environ.

« Pour rendre compte de l'influence du papier à cartouches, on a répété le coup de deux grammes avec une cartouche taillée à la longueur de 48 millimètres. La vitesse a été de 331^m,964, vitesse très remarquable. Mais la plus grande partie du papier reste dans le canon sans être brûlée, ce qui est un grave inconvénient, auquel cependant on pense qu'on pourra remédier en se servant, pour faire les cartouches, de papier préparé comme le coton.

DÉTONNANT. 37

« L'échantillon n° 3 a été tiré *en cartouches taillées* à la longueur réglée, 24 millimètres par gramme, et, de plus, on a négligé, à dessein, de nettoyer le canon à chaque coup, afin d'apprécier l'influence de la vapeur d'eau qui se condense dans le canon. Les vitesses ont été faibles, les coups ont fait long feu, et enfin, au quatrième coup, la plus grande partie du coton a été projetée sans être brûlée : ce coton était tellement humide, qu'il ne prenait plus feu à l'air libre. On a nettoyé le canon, et le quatrième coup a été très bon. Voici les résultats :

	Vitesses. m.
Charge de 1 gramme sans papier. . . .	115,247
de 1 gramme avec cartouche . .	126,611
de 2.	294,901
de 3.	156,764
de 4.	418,338

« Les autres échantillons ont été tirés sans cartouches.
« L'échantillon n° 4 a donné :

	Vitesses. m.
Charge de 1 gramme	124,487
de 2.	326,879
de 3.	404,775
de 4.	402,761

Comme il ne restait pas assez de coton pour faire une charge de 4 grammes, on a tiré deux coups à 3 grammes ; la régularité de cette épreuve est très remarquable.

« L'échantillon n°[s] 4, 5, salpêtré, a donné :

	Vitesses m.
Charge de 1 gramme.	194,366
de 2.	306,879
de 3.	399,254

On pense que ce coton étant plus lourd que les précédents, on aurait dû adopter pour lui des charges un peu plus courtes.

« Enfin, l'échantillon n° 5 a dû être tiré jusqu'à 5 grammes et a donné :

	Vitesses	Différence en nombres ronds.	
Charge de 1 gramme. . .	154,465		
de 2.	315,494	160	
de 3.	411,073	100	60
de 4.	477,086	60	40
de 5.	518,395	40	20

« Ce dernier tir est fort remarquable ; car, indépendamment de la grandeur des vitesses, leur augmentation de gramme en gramme suit une progression décroissante régulière. Cette régularité d'effet doit être un des caractères de cette poudre, parce qu'elle est le résultat d'une transformation chimique. Elle ne saurait exister au même degré dans la poudre de feu ordinaire, qui n'est qu'un mélange plus ou moins parfait de trois substances réunies mécaniquement, etc.

« Si l'on tient compte de la difficulté de bien réussir à un premier essai, avec une substance que l'on n'a pas pu encore bien étudier, de l'impossibilité où l'on se trouve de régler de prime abord le mode de chargement et la confection des charges, on reconnaîtra que l'expérience qui vient d'être faite est très digne d'attention.

« D'après les résultats obtenus dans ce premier tir, comparés aux résultats analogues obtenus l'hiver dernier dans un travail fait par M. le chef d'escadron d'artillerie Mallet, aide-de-camp de M. le lieutenant général baron Neigre, sur la progression des vitesses fournies par la poudre à mousquet ordinaire, on trouve les rapprochements suivants :

	Mousquet in.	Coton-poudre. m.
Charge de 1 gramme. . .	94,268 .	149,342
de 2.	169,897 .	280,433
de 3.	234,091 .	400,399
de 4.	284,956 .	447,732
de 5.	320,150 .	518,393
de 6.	360,122	
de 7.	396,161	
de 8.	414,085	
de 9.	441,570	
de 10.	465,288	
de 11.	488,437	
de 12.	469,208	
de 13.	514,425	
de 14.	531,817	
de 15.	559,851	

« Il résulte de ce tableau, que si l'on prend la moyenne des résultats fournis sur les six échantillons fabriqués à la Direction des poudres, dans des conditions peu favorables, 5 grammes de poudre-coton produisent le même effet sur la balle du fusil que 13 à 14 grammes de poudre à mousquet ordinaire.

« En résumé, sous le rapport de la fabrication, pour obtenir un bon résultat, il faut:

« 1° Tremper du coton épuré dans un mélange composé de parties égales d'acide azotique et d'acide sulfurique ;

« 2° La durée de l'immersion paraît peu importante : toutefois les meilleurs échantillons avaient été trempés de dix à quinze minutes ;

« 3° On peut se servir d'un mélange, dans lequel du coton a

été immergé, en le ravivant, si cela est nécessaire : le n° 4 et le n° 5 ont été ainsi obtenus;

« 4° Il ne faut pas que le coton dépasse le niveau du liquide ;

« 5° On doit sécher le coton lentement et éviter, surtout lorsqu'il est encore humide, de le soumettre à une température supérieure à 100 degrés.

« En le lavant dans l'eau saturée de salpêtre, on augmente un peu son énergie. On ne pense pas que cela vaille le surcroît de dépense.

« Sous le rapport du service, le coton-poudre présente des avantages et des inconvénients.

« Les avantages sont : la propreté, la combustion vive et sans résidu solide, l'absence d'une mauvaise odeur, sa légèreté, la possibilité de le manier sans danger, loin du feu bien entendu ; pas de poussier et de tamisage possible ; une force incontestable et qu'on peut évaluer, dès à présent, au triple de la force de la poudre de guerre à poids égal.

Ses inconvénients sont : le volume et, par suite, la difficulté de la confection et du transport des munitions; la production d'une grande quantité de vapeur d'eau dans les armes, qui est peut-être plus gênante, dans le tir, que la crasse de la poudre ordinaire.

« Quant aux prix de revient et aux effets de cette substance sur les armes à feu, ce sont des questions à étudier.

« Ce qui demeure acquis, c'est la connaissance d'une force nouvelle, incontestable. Cette force existe, on sait la produire ; il reste à apprendre comment elle pourra être utilisée.

« Il est hors de doute qu'on y parviendra et qu'on parviendra en même temps à faire disparaître une partie des inconvénients que l'on aperçoit aujourd'hui. Il est présumable aussi que, lorsqu'on saura mieux s'y prendre, le prix d'une substance qui ne demande pour sa fabrication qu'un hangar et quelques vases, n'aura rien d'effrayant.

« Ces expériences sont continuées avec activité à la Direction des poudres. »

COTON EXPLOSIF.

(*Gazette militaire universelle de Darmstadt.*)

Extrait du n° 154 de 1846 (24 décembre).

—

Nouvelle préparation du coton explosif, par M. Gobel. — Il ne la fait pas connaître. — Elle donne plus de force que celle de M. Otto. — Expériences faites dans des carabines et des pistolets. — Leurs résultats.

Dorpat. M. Fr. Gobel, professeur de chimie à l'Université de cette ville, fait savoir dans le journal de Dorpat, que déjà avant la publicité donnée à la découverte d'Otto, il avait préparé un coton susceptible d'éclairer, qui s'enflammait à 200° Celcius, et qui, frappé à coups de marteau, se réduisait en quelque sorte en poudre après un certain nombre de coups, puis faisait explosion. Une petite boule de ce coton éclatait avec un grand bruit, mais ne se consumait pas, et était projetée après avoir été faiblement carbonisée. Après la publication de la découverte d'Otto, Gobel prépara de la poudre coton de ce professeur, mais il se convainquit bientôt de ses nombreux défauts, de son prix de revient excessif, et de l'inégalité et de l'incertitude de sa force d'expulsion dans les essais de tir. Déjà, le 25 octobre, le professeur Gobel arrivait à un procédé qui, comme il l'assure, est tellement parfait, que non-seulement la préparation ainsi obtenue est moins chère que celle d'Otto, mais qu'elle fournit aussi la même manifestation de force (ce n'est vraisemblablement pas la même manifestation dans tous les cas, mais une manifestation se conservant toujours la même dans quelques cas d'emploi). Comme fonctionnaire public, il ne veut pas faire connaître ce procédé, afin d'éviter le mauvais usage qu'on en pourrait faire, mais il présume, dit-il avec quelque raison, que son procédé doit être le même que celui que Schonbein et Bottcher tiennent secret.

Les résultats les plus importants obtenus dans les expériences faites avec la poudre-coton de Gobel sont les suivants : un fusil rayé chargé de 12 grains de coton lança, à la distance de 100 pas une balle qui traversa une planche d'un pouce, et entra de 3 1/2 pouces dans une poutre de pin placée derrière. 37 1/2 grains de poudre de chasse anglaise ne poussèrent, à 50 pas, la balle que de 2 1/2 pouces dans la poutre, et avec 43 grains de poudre ordinaire, le plomb, à la distance de 100 pas, ne pénétra dans la poutre que de 2 1/4 pouces avec un canon rond, et de 2 1/2 pouces avec un canon rayé. Une carabine éprouvée d'un plus gros calibre, dont les balles pesaient un peu plus du double de celles susnommées, poussa la balle, avec 12 grains de coton et à 50 pas, au travers d'une planche d'un pouce, d'où elle s'enfonça de 2 1/2 pouces dans la poutre. Avec une charge de 15 grains de coton, le canon, dont les parois avaient plus d'un tiers de pouce d'épaisseur, éclata au dessus de la vis de culasse. Le fusil était attaché de telle sorte, que le tireur ne pouvait être blessé. Quatre coups d'un pistolet rayé à double canon poussèrent, avec une charge de 4 grains de poudre-coton et à 20 pas, quatre fois de suite exactement de même, la balle au travers de la planche et de 1 3/4 pouce dans la poutre. Au sixième coup un des canons éclata, et, il est vrai, également au dessus de la vis de culasse, quoique ce pistolet eût été plusieurs fois tiré sans accident avec 6 grains de la poudre-coton d'Otto. Le pistolet exigea 24 grains de poudre de chasse anglaise pour charge, c'est-à-dire le sextuple du poids du coton employé. Ces essais montrent suffisamment que la nouvelle préparation chimique possède une force redoutable (qui surpasse de plus du quadruple la force de la poudre de chasse anglaise), et donnent aussi la preuve de l'uniformité de ses effets. Néanmoins il faut encore examiner de près maintes choses relatives à l'emploi de la poudre-coton et à la nature encore inconnue de ce nouvel agent, et établir par des expériences certaines comment, par exemple, doit s'exécuter la charge, si l'on doit bourrer fortement ou faiblement, si l'on doit employer la bourre élastique de feutre, ou la bourre matte de papier.., car tout cela modifiera les effets. Le professeur Gobel termine ainsi : « Presque tout le monde sait ici qu'une charge de 8 à 10 grains de mon coton explosif atteint des lièvres et des perdrix, et ce, à une distance de 40 à 80 pas, et si une balle pénètre à 100 pas de distance de 4 1/2 pouces dans un morceau de bois, elle tuerait assurément un moineau ou un loup. »

(Journal de Riga.)

COTON DÉTONNANT.

(Extrait de la Gazette militaire universelle de Darmstadt)

N° du 16 janvier 1847.

MM Schœnbein et Bœttger donnent l'analyse chimique de la poudre-coton [de leur préparation. — Comparaison de sa composition avec celle de la xyloïdine. — Propriétés chimiques. — Degré d'inflammabilité. — MM. Schœnbein et Bœttger annoncent la prochaine publication de leur préparation et de leurs expériences.

Quoique les soussignés eussent désiré attendre quelque temps encore pour la publication de la composition chimique de la poudre-coton, ils se trouvent pourtant conduits, par diverses raisons, à rompre le silence plus tôt qu'ils ne l'eussent fait autrement, et à livrer ce qui suit à la publicité. Ils ont reconnu que le meilleur dissolvant et le meilleur moyen de purification pour le ligneux explosif comme pour la poudre-coton était surtout l'éther acétique. Grâce à ces lavages, on obtient ces matières explosives en parfait état de pureté. L'analyse de la poudre-coton, séchée pendant une heure à un bain d'eau chauffé à 100° centigrades, a donné les résultats suivants :

Sur 100 parties, on a	trouvé	calculé
Carbone..............	27,43	28,1
Hydrogène..........	3,54	3,1
Azote................	14,26	14,5
Oxigène.............	54,77	54,3

La xyloïdine, parfaitement purifiée par l'alcool, consiste, d'après une analyse de M. Ballot (*Annales de chimie et de physique*, par Liebig, vol. LV, page 47), en :

	trouvé	calculé
Carbone	37,29	37,31
Hydrogène	4,99	4,84
Azote	5,17	5,76
Oxigène	52,55	52,09

Une comparaison superficielle de ces analyses montre que la composition de notre poudre-coton s'écarte beaucoup de celle de la xyloïdine ; que la poudre-coton est plus pauvre en carbone, mais plus riche en oxigène que la matière de Braconnot, ce qui fait que, dans la combustion, cette poudre-coton doit produire plus de gaz, posséder une plus grande force explosive, et laisser moins de résidus que la xyloïdine. On reconnaît aussi des différences caractéristiques dans la manière dont ces matières se comportent avec différents agents. Ainsi, pour ne mentionner que quelques réactions, la xyloïdine, surtout à chaud, devient soluble dans l'acide acétique très concentré, et une addition d'eau l'isole de nouveau à l'état floconneux sans altération. La poudre-coton est, au contraire, complétement insoluble dans cet acide. En outre, la xyloïdine, par une longue cuisson, dans de l'acide hydrochlorique d'un poids spécifique de 1,12, ou dans de l'acide nitrique d'un poids spécifique de 1,38, passe à l'état d'un fluide incolore dans lequel aucune addition d'eau ne donne de précipité. Aussi cette manipulation paraît-elle la décomposer entièrement. La poudre-coton est complétement inattaquable par ces deux acides. La xyloïdine, en partie dans l'alcool absolu et presque tout-à-fait dans l'éther sulfurique alcoolisé, se résout en une matière gélatineuse incolore qui, étendue sur une surface unie, laisse, après l'évaporation des moyens de solution, une efflorescence inséparable, blanchâtre et opaque. La poudre-coton est insoluble dans ces liqueurs. La xyloïdine, mise en tas et touchée avec un charbon enflammé, brûle tranquillement avec flamme, laissant une poudre de charbon rude au toucher. La poudre-coton brûle rapidement, sans laisser le moindre résidu. La xyloïdine s'enflamme à 180° centigrades; la poudre-coton, exposée dans un bain d'huile à une température de 230° centigrades, s'enflamme momentanément

à 200° centigrades d'abord, après un intervalle de 12 secondes.
à 175°   —   —   —   30 —
à 150°   —   —   —   12 minutes.
à 130°   —   —   —   jamais.

Quant à l'influence exercée par le frottement sur la poudre-coton sèche, les nombreuses expériences de tir et d'explosion que nous avons faites ont démontré que, dans les opérations susdites, les frictions qui avaient eu lieu n'avaient jamais occasionné d'explosion. Si seulement ces frictions sont assez violentes pour que le développement de chaleur qui en résulte atteigne la température d'inflammation, la poudre-coton peut s'enflammer, ce que l'on savait déjà de la poudre ordinaire, d'après les essais faits avec soin par les professeurs Reich et Kersten. De moyens coups de marteaux frappant sur de la poudre-coton placée sur une enclume, produisent bien un bruit et une dispersion du coton, mais sans que le coton s'enflamme. Frotte-t-on dans un mortier de la poudre-coton avec du verre de soude grossièrement pilé, on n'obtient pas d'inflammation. Quant à la force expansive de la poudre-coton, ainsi qu'à la manière de la préparer, etc., les soussignés communiquerons postérieurement les résultats de leurs essais, mais ils peuvent assurer que leurs recherches scientifiques ne seront pas détruites par les progrès précipités et inconsidérés de quelques travailleurs.

C. F. Schoenbein,
Rud. Boettger.

Bâle et Francfort-sur-Mein, décembre 1846.

LA POUDRE A TIRER ET LE COTON-POUDRE.

PARALLÈLE.

PAR E. KAYSER.

Premier lieutenant agrégé de la troisième brigade d'artillerie et adjoint à la direction de la poudrerie de Spandau.

Berlin 1847, in-8 de 132 pages, avec cette épigraphe en distique

> Cherche à connaître le nouveau,
> Laisse son droit à l'ancien.

(*)

L'ouvrage, comme son titre l'annonce, est divisé en deux parties, la première (de 1 à 56) est entièrement consacrée à la poudre ordinaire; la seconde partie (de 58 à 132), traitant du coton-poudre, se termine par un parallèle entre les deux agents ballistiques.

PREMIÈRE PARTIE.

Poudre à tirer.

L'auteur *construit* la poudre *à priori*. Il pose ce problème : étant donné un tube cylindrique, fermé à une extrémité, comment parvient-

---

(*) Livre de Prusse = 0k,4635; loth = 0k,0146; gram = 0k,0008; pied = 0 m,314; 1 thaler = 3 fr. 71 c.

on à expulser un corps placé dans l'intérieur du tube, avec assez de force, pour opérer une destruction désignée. Et par une suite de déductions fondées sur des considérations chimiques, physiques, mathématiques, il parvient au mélange de trois ingrédients, salpêtre, charbon, soufre, dans les proportions telles qu'elles sont usitées dans la pratique; de plus, il parvient, et toujours par des raisonnements *à priori*, à la forme granuleuse, lissée et époussetée de notre poudre; déduit la diversité de grains pour les petites armes et les grosses armes, et aussi la forme des projectiles. Cette partie, n'ayant qu'un intérêt purement didactique, ne renfermant rien de nouveau, nous ne nous y arrêterons pas.

SECONDE PARTIE.

Poudre-coton.

L'auteur débute par une notice historique beaucoup trop succincte; les dates et les citations sont omises : on dirait un auteur français. Nous en citerons ce qui suit : La première mention se trouve dans une gazette de Mayence, où l'on annonçait que le professeur Schœnbein se proposait d'offrir sa découverte au gouvernement anglais et à la confédération germanique, moyennant 100,000 florins. Personne n'avait une idée de cette préparation, à l'exception du docteur Bœttger de Francfort-sur-Mein, lequel, ayant interrogé un de ses collègues qui revenait de Bâle en Suisse, et qui avait parlé à Schœnbein sur la découverte de ce dernier, conjectura que l'acide nitrique y entrait pour quelque chose, car les mains de Schœnbein sentaient cet acide. D'après ce seul indice, le docteur Bœttger devina l'invention et en écrivit de suite à Schœnbein qui se trouva ainsi engagé à lui donner une part dans les avantages pécuniaires de l'invention. Ce fut le docteur Otto de Brunswick, qui, se fondant sur une observation de M. Pelouse, indiqua la préparation d'un coton explosif indépendant de l'invention de ces messieurs. On connaît ces indications. Quelques jours après, le docteur Knop à Leipsick, publia une autre préparation du coton-poudre, conformément à laquelle le coton doit être plongé quelques minutes dans un mélange d'égales parties d'acide nitrique fumant et d'acide sulfurique anglais à la température ordinaire, ensuite être bien lavé dans de l'eau froide et puis parfaitement séché à l'air chaud. C'est cette indication de Knop qui est la plus généralement suivie. On doit ajouter qu'on doit à Kreische, pharmacien à Orenbourg, la prescription, qu'il faut continuer le lavage jusqu'à ce que la dernière eau n'ait plus aucune odeur d'acide.

Ici l'auteur revendique pour Schœnbein l'honneur qu'on semble commencer à vouloir lui disputer; ni M. Braconnot, inventeur de la xyloïdine, ni M. Pelouse n'ont eu la moindre idée de la force projective inhérente à cette substance, et c'est pourtant là toute l'invention.

L'auteur donne ici l'histoire naturelle très détaillée du coton et du cotonnier. Nous en extrayons ce qui suit :

Le coton, le bissus des anciens, est une matière molle, finement fibreuse, ordinairement de couleur blanche et quelquefois nuancée de jaune, de rouge, de brun et de bleu.

C'est une substance végétale qui se trouve dans les capsules séminales d'une plante qui croît dans les pays chauds, sous forme d'arbres, d'arbustes, d'arbrisseaux ou même sous forme herbacée.

L'arbre, dont le tronc atteint dix à douze pieds de hauteur, croît dans les Indes orientales, en Chine, en Égypte et dans quelques contrées d'Espagne et d'Amérique.

L'arbuste, de deux à six pieds de hauteur, se trouve dans l'Amérique du nord et du sud, dure deux ans et produit un coton velu ; il atteint, dans les Indes orientales et dans l'Amérique du sud, de cinq à six pieds de hauteur, et se nomme coton des Barbades.

La forme herbacée enfin, d'un à deux pieds de hauteur, rarement bisannuelle, croît dans les Indes orientales, dans l'Asie mineure en Égypte, dans l'Amérique septentrionale, en Macédoine, à Malte, en Sicile et dans le royaume de Naples.

Le fruit capsulaire de cette plante, ordinairement de la grandeur d'une noix, contient, dans chacune de ses cinq à huit cases, trois à huit graines, tantôt d'un brun obscur, tantôt noir, et ces graines sont enveloppées de coton, plus ou moins solidement adhérent.

Au temps de la maturité, les capsules d'abord vertes, brunissent, s'ouvrent spontanément avec un faible bruit, et la laine en sor par suite de son élasticité, on peut alors la ramasser facilement avec les mains ; la cueillette est continuée pendant deux, trois et même quatre mois, et exige une attention continuelle ; car, les capsules ne mûrissent pas toutes en même temps et le coton se gâte facilement, tombe à terre, se salit, ou bien est emporté par le vent.

La quantité de coton que donne une plante, dépend de sa grandeur et de la température ; elle fournit d'ordinaire d'un quart à deux livres et demie, plusieurs espèces donnent deux récoltes par an. Une personne peut cueillir au plus quinze livres par jour.

Dès la récolte, on assortit le coton en écartant les parties endommagées ou trop mûres, et au moyen d'une certaine machine on sépare les graines du coton ; on peut égrener de quatre à cinq mille livres de coton brut qui fournissent de 25 à 30 pour 100 de coton pur.

Pour que le coton prenne moins de place, et pour le protéger contre les influences extérieures, et surtout de l'humidité, on le comprime fortement, d'abord dans des sacs mouillés en dehors pour empêcher que l'élasticité du coton ne le fasse rebondir ; et ensuite, avant de l'embarquer, on le comprime au moyen de presses à vis ou de presses hydrauliques, en gros ballots qu'on entoure de cordes.

Toutes les espèces de coton ci-dessus dénommées entrent dans le commerce européen, où l'on distingue trois sortes de qualités : première, deuxième et troisième ou espèce ordinaire.

En général, le meilleur coton vient de l'Amérique du Nord et du Brésil, et ensuite de la province de Grenade en Espagne ; le coton le moins estimé vient des Indes orientales.

Le coton est d'autant meilleur que ses fibres ont plus de finesse, de longueur, de brillant, de mollesse, d'élasticité et de solidité, qu'il contient moins de nœuds et de saletés, telles que des graines écrasées, du sable, de la terre, etc. Toutes ces qualités se diversifient d'après les espèces, d'après le sol sur lequel elles sont venues, d'après l'influence du climat, la méthode de culture, même la constitution intime des fibres paraît en être modifiée.

Le coton, est formé, d'après des observations microscopiques, de fibres capillaires qui forment des tubes étroits et aplatis ; le creux est fermé à l'extrémité supérieure du tube, et est entouré de parois transparentes, finement rayées, ridées, homogènes; ces parois sont des prolongements des membranes qui forment les cases extérieures de la capsule ; prolongements d'un épiderme. Tout près de la graine, l'intérieur de la fibre est rempli d'une substance jaune, résineuse.

La fibre du coton, est ou plate ou pliée en rigoles dans le sens de la largeur, ou bien encore tordue en hélice, et cette dernière disposition rend plus facile l'enchevêtrement des fibres entre elles. La fibre a ordinairement de un à deux pouces de longueur, et lorsqu'elle est aplatie, de 0,0006 à 0,0016 pouces de Paris de largeur et de 0,00016 à 0,00032 pouces d'épaisseur, et lorsqu'elle est tortillée, elle a un diamètre de 0,00048 à 0,0011 pouces. La pesanteur spécifique de la fibre ou coton pur est de 1,47 à 1,50, celle de l'eau étant 1.

D'après sa composition chimique, elle est formée de carbone, d'hydrogène, d'oxygène, d'une petite partie de sel incombustible, d'une graisse spécifique et de l'humidité puisée dans l'atmosphère de 10 à 16 0/0 de son poids et cela dans les rapports suivants:

Cent parties (en poids) de coton sec,
renferment. . . . . 44,45 carbone.
6,17 hydrogène.
49,38 oxygène.
100,00

Nous faisons abstraction de la graisse et du sel ci-dessus dénommés, à cause de la petite quantité qui ne s'élève pas à 1/2 0/0 ou un 1 millième du poids. D'après le chimiste Herzig, la plupart des arbrisseaux contiennent dans leurs pores une farine amylacée, sous forme de graines rondes grisâtres et le coton paraît faire ici exception, car ni le microscope ni les dissolutions iodiques n'ont fait découvrir la moindre trace d'amidon.

Depuis la page 72 jusqu'à la page 78, l'auteur s'occupe de la préparation technologique de l'acide nitrique, nitreux et sulfurique, soit concentré, soit étendu d'eau. De là l'auteur passe à la préparation du coton-poudre, et établit cette suite de raisonnements:

Le but est de chasser un projectile au moyen du gaz acide carbonique, il faut donc obtenir ce gaz. Cent parties (poids) de coton, contiennent 44 de carbone, mais pas assez d'oxygène pour former l'acide carbonique; il faut donc lui donner cet oxygène. Or,

22, poids d'acide carbonique, renferment 6 de carbone, 16 d'oxygène ; il s'en suit donc que les 44,45 de carbone du coton, exigent 118,53 d'oxygène, pour devenir acide carbonique. Si l'on considère ensuite que 100 poids d'acide nitrique contiennent 648 d'oxygène, il s'en suit qu'il faut 160 parties d'acide nitrique pour fournir les susdites 118,53 d'oxygène, ou en nombre rond, il faut mettre en contact 5 de coton avec 8 d'acide nitrique ; soit que celui-ci soit absorbé par le coton ou qu'il lui concède seulement son oxygène.

Mais pour que le coton soit entièrement plongé dans l'acide, il faut avoir encore égard à une autre circonstance.

Car selon le volume, le coton est à l'acide nitrique comme 40 est à 1, de sorte que nous sommes forcés d'employer 40 d'acide nitrique en poids pour envelopper 1 de coton, ou 4,000 d'acide nitrique pour recevoir 100 de coton.

Mais l'expérience montre que l'acide nitrique, seul même dans son état concentré, ne suffit pas pour donner au coton directement ou indirectement la quantité nécessaire d'oxygène ; ne suffit pas au moins dans toutes les circonstances et de la même manière : cet acide ne présente donc pas la certitude convenable. Le plus souvent, le coton plongé dans l'acide nitrique, se pelotonne et forme une quantité de petites masses qui mettent obstacle à l'action ultérieure de l'acide ; en tout cas, le coton ne devient pas entièrement explosif, ou le devient à un degré très faible et très inégal.

Mais si l'acide nitrique a été d'abord mélangé avec de l'acide sulfurique, alors le premier n'exerce pas une action si compressive, et l'acide sulfurique une action si décomposante que le ferait chacun de ces acides pris isolément, ce qui les rend plus propres à fournir l'oxygène exigé.

En effet, l'acide sulfurique, par sa plus grande attraction que l'acide nitrique pour l'hydrogène est plus propre à s'approprier l'hydrogène du coton et à former de l'eau qui sera absorbée par l'acide sulfurique ; d'un autre côté, cet acide sulfurique enlève l'eau à l'acide nitrique, le concentre et le rend plus propre à produire l'effet désiré. Toutefois, lorsque nous mélangeons ensemble ces deux acides, nous n'avons besoin que de quarante fois plus de ce mélange que de coton, comme il a été dit ci-dessus ; et l'acide sulfurique étant moins coûteux que l'acide nitrique, la dépense sera considérablement diminuée.

Si donc dans la supposition que les deux acides s'unissent chimiquement en totalité, ou en partie, le plus convenable paraît être de les réunir dans le rapport de leurs équivalents en poids, c'est-à-dire dans le rapport de 100 à 74, nous croyons cependant, d'après diverses considérations, devoir adopter le mélange des deux acides à volumes égaux, savoir : 100 poids d'acide nitrique et 79 d'acide sulfurique. Si nous avons donc besoin pour les 100 de coton, 4,000 du mélange d'acide et que nous partagions ce dernier dans le rapport indiqué, alors pour chaque 100 de coton, nous aurons 2,234 d'acide nitrique, tandis, que nous avons vu qu'il ne fallait que 160 en poids, n'exigeant que 16,55, ainsi beaucoup plus qu'il ne faut pour le convertir en gaz acide carbonique.

La possibilité de cette formation est donc établie maintenant d'une manière satisfaisante, et nous n'avons plus à nous occuper, pour la préparation ultérieure du coton, que de chercher à le débarrasser de l'excès d'acide dont il est imbibé.

Si l'on cherchait à ôter cet excès directement par le lavage, non seulement on perdrait une grande quantité d'acide nécessaire, mais l'opération même deviendrait dangereuse, car en conséquence de la décomposition de l'acide nitrique par l'eau, il se développe subitement du gaz azoteux, qui, se combinant avec l'oxygène de l'air, forme des vapeurs d'acide nitrique très dangereuses pour la santé.

Ainsi, il ne faut donc mettre le coton acidulé dans l'eau qu'avec beaucoup de précaution, en ne l'y enfonçant qu'après avoir débarrassé le coton de l'acide qu'il a absorbé mécaniquement, ce qu'on ne peut obtenir que par une forte pression, non pas à la main, mais par des presses appropriées à cet usage.

Même par la plus forte pression il est impossible de le débarrasser entièrement de l'acide surabondant, il en reste au moins jusqu'au sixième de son poids et qu'on ne peut enlever que par des lavages fréquents. Et l'on sait qu'on est arrivé à ce point lorsque la dernière eau de lavage ne rougit plus un papier teint en bleu par le curcuma.

Mais maintenant, le coton contient beaucoup trop d'eau dont faut le débarrasser pour le ramener à son premier état de sec ce qui exige un temps trop long, si l'on avait encore recours à la pression. Et cependant encore ici, malgré la plus forte pression, le coton retient la cinquième où sixième partie de son poids en eau qu'il faut encore laisser évaporer. L'auteur donne ici de grands détails sur les opérations mécaniques à faire subir au coton avant de le faire entrer dans le mélange acide.

L'auteur vient maintenant au parallèle énoncé entre les deux poudres :

A

APPARENCES EXTÉRIEURES.

Le coton-poudre, en supposant qu'on ne l'ait pas coloré à dessein, n'a rien qui le distingue du coton ordinaire (1), seulement en le comprimant dans la main il fait entendre un craquement particulier, ce qui provient de ce que la graisse qui donne au coton brut le même genre d'attachement que la laine animale a entièrement disparu par l'action des acides.

B

Dans l'état ordinaire, le coton-poudre occupe un volume deux fois plus considérable que la poudre à poids égaux. Toutefois le coton-poudre peut se comprimer jusqu'au cinquième ou au sixième de son volume, de manière qu'au moyen de quelques efforts, on peut réduire à poids égaux le volume du coton au tiers de celui de la poudre.

Le coton-poudre est beaucoup plus sensible aux influences extérieures que la poudre.

Dans un air humide, le coton-poudre a absorbé en six jours 1,90 pour 100 d'eau ; et placé avec de l'eau sous le vide de la machine

---

(1) Soit dit en passant, il serait utile de teindre ce coton, pour éviter des malheurs, et sans nuire à la propriété balistique du coton.

pneumatique, il a absorbé, après quelques heures, 10 pour 100 de son poids, tandis que la poudre n'a jamais absorbé au-delà de 1,50 pour 100.

En prolongeant encore avantage l'action d'une atmosphère humide, ce rapport s'accroît au détriment du coton-poudre, et dans une expérience faite dans un air saturé d'humidité, le coton-poudre s'est accru de 4 1/2 de son poids, tandis que la poudre ordinaire n'a pris que 3/4 pour 100. Et dans un atmosphère ordinaire et dans un espace non chauffé, le coton-poudre a pris 1 1/2 pour 100 d'humidité et la poudre 1/2 pour 100. Le coton-poudre et la poudre ordinaire, étant tous les deux humides, le premier a perdu 25 pour 100, et la seconde 4 pour 100 de leurs effets respectifs dans l'état de siccité.

C

Le coton-poudre est, par conséquent, soumis à un plus haut degré à l'influence de l'humidité (6 fois plus selon les circonstances) que la poudre. De là aussi l'effet du premier, à influence hygrométrique égale est beaucoup plus substantiellement altéré que l'effet du second.

D

On peut en dire autant de l'influence de la chaleur. C'est un fait connu, que le soufre commence à s'évaporer à 35° R.; mais en si petites quantités qu'on peut exposer la poudre ordinaire à cette température sans apercevoir la moindre perte en poids, la moindre différence dans les effets.

Pour l'inflammation de la poudre, abstraction faite de l'étincelle ou des corps incandescents, il faut une température de 240° R. Les choses se passent autrement avec le coton-poudre.

Déjà à une température ordinaire de 10 à 12° R. et après peu de jours, le coton-poudre se décompose, le gaz oxide-azote s'échappe et se combinant avec l'oxygène de l'air, forme de l'acide nitrique gazeux, et cela arrive même après quelques heures à une température égale ou supérieure à 35°. Si l'on renferme donc dans un verre du coton-poudre avec du papier teint en bleu et qu'on expose le tout à une température de 10 à 12°, ou bien encore si l'on tend seulement de ce papier au-dessus du coton-poudre, la couleur de plus en plus rouge du papier indiquera la décomposition du coton.

Une petite quantité de coton-poudre exposée pendant six jours à une température de 6° perdit 1 pour 100 de son poids.

Idem.   40°   3,3   —
Id. sur un bain-m. 55°   6,50 pour 100 après 11 heures.

Du coton non entièrement sec exposé à une température successivement croissante, et placé sur les parois d'un vase sec, se décompose complétement, parcourt toutes les périodes de la carbonisation et laisse enfin un résidu ayant la forme de l'amadou.

Quant à l'inflammation du coton-poudre, elle a lieu, abstraction faite de l'étincelle et de corps incandescents, à une température qui n'est que le tiers de celle qui est nécessaire pour la poudre à canon. Et dans un certain cas particulier, l'inflammation a eu lieu beaucoup au-dessous du degré d'ébullition de l'eau.

A diverses fois, la poudre-coton a fait explosion à une température de 65° au bain-marie. De même par des plaques métalliques échauffées, et un thermomètre placé dans le coton et resté intact pendant l'explosion a indiqué une fois 50° et une autre fois 68°.

De semblables expériences ont été faites dans divers endroits : par exemple à Kiel et à Hambourg. Dans cette dernière ville, une portion de coton-poudre a fait une forte explosion à la température de 76° au bain-marie.

La percussion enflamme aussi plus facilement la poudre-coton que la poudre. Il est vrai qu'on soutient que des caissons ont sauté par la pénétration de boulets pleins ; et Meyer rapporte aussi l'exemple de l'inflammation de la poudre sur des plaques de plomb par des chocs de balles tirées contre. Mais il n'y a pas encore d'exemples connus que la poudre se soit allumée par un coup de marteau sur une enclume, ou d'une manière analogue, tandis que des tranches minces de coton-poudre s'enflamment infailliblement par ce moyen.

Enfin, le haut degré d'inflammabilité de cette substance se manifeste aussi sous le briquet pneumatique. En poussant le piston contre le fond on enflamme facilement le coton-poudre qui y est posé, et dans une telle expérience, malgré la petite quantité qui même ne brûla pas entièrement, il y eut une décomposition si violente que plusieurs des assistants furent blessés par les éclats du tube de verre.

E

Une trop grande condensation du coton-poudre et nommément une diminution de volume de plus d'un cinquième de son état ordinaire empêche l'inflammation d'après le degré de condensation, et peut même finir par détruire l'inflammation et ses effets complétement.

Le coton-poudre condensé et renfermé dans un tube métallique, formant pendule, brûle très lentement, jetant une lueur pâle, sans mettre le pendule en mouvement; tandis que, dans les mêmes circonstances, la poudre ordinaire donne au pendule une très grande oscillation.

Un flocon de coton-poudre, tenu fortement entre deux doigts, brûle jusqu'aux doigts et s'éteint là. Et même en entourant étroitement une bande de coton avec du papier, cela suffit pour arrêter la décomposition de la bande.

Ainsi, la réduction du coton-poudre à un volume trois fois moindre qu'occuperait la poudre ordinaire du même poids, paraît être la dernière limite de condensation.

F

Pour obtenir avec le coton-poudre le même effet qu'avec la poudre ordinaire, il est nécessaire d'une quantité beaucoup moindre en poids du premier que du second.

Ceci se manifeste au plus fort quand il s'agit d'explosion, ensuite dans les armes courtes et puis dans les armes longues.

Dans les explosions ce rapport est de 1/4.
Dans les armes courtes — 1/3.
Dans les armes longues — 1/3 à 1/2.

Un boulet creux en fer, chargé avec du coton-poudre, éclata avec violence en un nombre de fragments bien plus considérable qu'avec la charge cinq fois plus forte de poudre ordinaire.

Une charge de 3/2 grain de coton-poudre fit éclater, à Brunswick, le canon en laiton d'un pistolet de poche. Plusieurs canons de fusils de chasse crevèrent aussi par des charges de coton beaucoup moins considérables que celles de poudre ordinaire.

Dans le tir au pistolet et à la carabine, en prenant en coton-poudre 1/4 de la charge ordinaire on obtint une vitesse initiale, plus grande de 52 pieds et 112 pieds qu'avec la poudre de guerre. Dans un canon de fusil, l'effet du coton-poudre atteint presque trois fois celui de la poudre.

Le mortier avec une charge de 3 loths de coton-poudre, donna une portée plus grande de 40 pas, que la charge de 9 loths de poudre. Dans la pièce de 12, l'effet de 3 parties en poids de poudre-coton était de 1/12 en dessous de l'effet de 7 parties en poids de la poudre de guerre. Et quoiqu'à Brunswick, avec une pièce de six, 12 loths de poudre-coton à huit cents pas et 16 loths à mille pas, aient donné le même effet que deux livres de poudre, ces deux résultats montrent précisément qu'avec l'augmentation de la distance, il faut aussi élever la charge du coton-poudre, et qu'on obtiendra le rapport indiqué ci-dessus. Tous ces faits montrent seulement que, dans les circonstances ordinaires, le coton-poudre exige un poids moindre que la poudre ordinaire.

Toutefois, le coton-poudre ne manifeste pas la même force que la poudre ordinaire, ce qui résulte de la circonstance que :

G

Dans la décomposition du coton-poudre dans la bouche-à-feu ou dans le fusil, il résulte un recul tout-à-fait insensible et nommément beaucoup moins considérable que la poudre ordinaire.

L'auteur déduit de là, d'après des considérations très connues et qu'il est inutile de rapporter, que l'action dynamique du coton-poudre est au-dessous de celle de la poudre ordinaire.

H.

L'action de la poudre-coton est beaucoup plus inégale que celle de la poudre.

Une expérience faite le même jour avec toutes les deux et commençant avec des vitesses initiales moyennement égales, a montré des différences de résultat relativement aux vitesses initiales et au maximum.

	Poudre.	Coton-poudre.
Fusil.	95 pieds	169.
Carabine	159	295.
Pistolet.	204	463.

De même, la dispersion des balles contre la cible est plus grande en employant le coton-poudre que la poudre.

D'autres expériences faites de la même manière, ont fourni des différences encore plus grandes et la même chose a été remarquée dans plusieurs endroits dans le tir des bouches-à-feu.

I

Dans la décomposition du coton-poudre, le calorique dégagé est moins considérable que dans la combustion de la poudre.

Des tubes de cuivre, renfermant de la poudre comprimée, deviennent rouges par suite de la combustion; chargés avec de la poudre-coton, on pouvait saisir les tubes à la main pendant que la poudre se consumait.

La poudre n'est pas enflammée en brûlant dessus du coton-poudre; et la même chose a lieu, lorsqu'à l'inverse, on brûle de la poudre sur du coton-poudre; dans les deux cas, la poudre doit être en grains, car le pulvérin prend feu.

Par la même raison, une mince couche de poudre-coton s'enflamme par la percussion d'un marteau sur une enclume; seulement la partie qui est frappée et non les parties avoisinantes.

Quinze charges de poudre, chacune de 5 grains, furent successivement et rapidement enflammées, dans un creuset de ferblanc argenté, placé dans une coupe de porcelaine, remplie d'eau, dont la température fut portée de 12 à 20°. Quinze charges semblables de coton-poudre n'élevèrent la température de l'eau que de 13 à 16 1/2; ainsi, le développement de la chaleur dans la décomposition du coton-poudre est dans un rapport moindre que celui de 3 à 7 1/2 à celui qui est dégag de la poudre.]

K

Dans l'acte de la combustion du coton-poudre, il n'y a ni fumée, ni résidu solide, mais *formation d'eau*. Les armes sont attaquées par les acides, il s'y fait sentir une odeur particulière, et dans des espaces fermés, il se produit par le développement du gaz, une irritation violente sur les yeux: des vésicules d'eau s'attachent à la paroi d'une cucurbite en verre lorsqu'on y fait éclater de la poudre-coton en petites portions, et on y remarque bientôt la fumée rutilante du gaz acide nitrique, et une odeur particulière; dans le tir dans une casemate avec des bouches-à-feu, les servants, après un petit nombre de coups, furent obligés de se retirer, ayant les yeux vivement attaqués et larmoyants. Toutes ces particularités, ainsi que celles qu'on a signalées à la fin de I, sont fondées sur ce qui se passe pendant la décomposition et dans la nature des produits auxquels elle donne naissance.

Ici l'auteur établit un long calcul d'équivalents chimiques et parvient à ce résultat que dans la décomposition de 100 (poids) coton-poudre, il se forme:

55,55 gaz oxide de carbone.
10,32 gaz cyanique.
5,58 gaz azote.
28,57 eau.
———
100.

Par là, on peut expliquer les effets signalés et encore le suivant:

L

La charge ne brûle pas toujours complétement, mais une quantité considérable, non comburée, augmentant avec la grandeur et la condensation la charge, est jetée hors du canon, resté devant la bouche ; elle est humide au toucher et en y mettant le feu, elle brûle moins vivement que le coton à l'état sec.

TEMPS ET PRIX DE FABRICATION.

Temps. — Comparons les deux procédés ; *coton-poudre*, lorsqu'on a les matières brutes, les opérations restantes sont : 1° séchage du coton brut ; 2° immersion dans les acides ; 3° expulsion par pression des acides ; 4° lavage ; 5° expulsion de l'eau de lavage ; 6° ouvrir le coton lavé et pressé et enfin 7° séchage. Tandis que pour la poudre ordinaire nous avons : 1° mélange ; 2° humectation ; 3° compression ; 4° grenage ; 5° lissage ; 6° assortiment ; 7° époussetage ; 8° séchage.

Le lavage, le séchage et nommément le *ouvrir* du coton, prennent un temps considérable ; de manière qu'au total, le rapport du temps de la fabrication du coton-poudre au temps de la fabrication de la poudre est au désavantage du premier ; il est vrai que cette fabrication est naissante et qu'on parviendra sans doute à l'abréger ; mais on ne se compromet pas en avançant que

M

La fabrication du coton-poudre, même dans l'hypothèse qu'un quintal de coton-poudre, équivaut à trois quintaux de poudre, prendra *au moins autant* de temps que la fabrication de la poudre.

PRIX DE FABRICATION. — BORNONS-NOUS AUX MATIÈRES BRUTES.

Un quintal de poudre de guerre.

3/4 quintal de salpêtre raffiné, 13 1/2 thalers
1/8   —   souffre,   3/4
1/8   —   charbon,   1

15 1/4 thalers (56 fr,).

Un quintal de coton-poudre.

3/4 quintal de coton   27 th. (perte par séchage comprise).

6 2/4 acide { 2 1/2 quint. acide nitr. fum. 146 2/3
            { 2 acide sulfur. éten. d'eau,   6 1/2

                                       180 1/6 thalers. (668 fr.)

Si, d'après notre supposition, 1 coton équivaut à 3 p. de guerre.
         Coton-poudre revient à 180 1/6
         Poudre de guerre   46

Admettons même que, dans des cas extraordinaires, on puisse encore bénéficier la moitié des acides contenus dans les eaux de lavage, cela n'abaisserait pas de 1/20 le prix du coton-poudre; admettons 1/10; on pourra toujours être fondé à dire que

N

LE PRIX DU COTON-POUDRE EST AU MOINS TROIS FOIS CELUI DE LA POUDRE.

On a proposé, dans divers endroits, de remplacer l'acide nitrique fumant par l'acide simplement concentré; ce qui réduit le prix de cet acide de 1/8; ou bien encore de prendre directement du salpêtre et de l'acide sulfurique, et d'obtenir ainsi l'acide nitrique par la réaction chimique de ces deux substances. On peut objecter à ce dernier mode que l'abaissement de prix qu'on a en vue n'est pas démontré et que les produits qu'on obtient ne sauraient être comparés à ceux qu'on obtient par l'acide fumant, dont l'emploi exige déjà beaucoup de soin et d'attention, si l'on veut en tirer de bons résultats.

Enfin, si comme pour la poudre ordinaire, la fabrication du coton doit aussi comprendre (autant que possible) la préparation des matières brutes, alors nous donnons contre un grand nombre de nouvelles difficultés.

La purification du salpêtre, la même pour les deux fabrications; et au lieu de la purification du soufre et du charbon, nous avons l'élaboration du coton brut, tel que le fournit le commerce, pour le mettre en état de servir à notre but.

La fabrication de l'acide sulfurique et de l'acide nitrique; et on sait que ces produits ne s'obtiennent pas sans difficultés, exigent des mains très exercées, de vastes locaux, des appareils compliqués, et une longue expérience; car la technologie militaire est ici entièrement à créer; enfin, le débit des produits accessoires, auxquels il faut penser, pour établir le vrai prix de revient, entraîneraient aussi des inconvénients par la fluctuation des prix commerciaux.

CONFECTION DES MUNITIONS.

Enfin, il faut aussi avoir égard à la confection des munitions, de peu d'importance en petit, mais très essentielle quand il s'agit d'une armée même peu nombreuse.

Avec la poudre grenée, les charges pour les bouches-à-feu et les fusils ne sont pas *pesées* mais *mesurées*, à l'aide d'instruments établis à cet effet.

Le coton-poudre ne peut être divisé en parties de contenance déterminée que par le *pesage*; il faut donc introduire cette opération dans la confection des munitions; ce qui nécessite dix fois plus de temps; en outre un plus grand nombre d'ustensiles et particulièrement des balances de grande justesse, qu'il faudrait amener en campagne, ce qui impose de nouvelles charges; il faudrait des hommes sûrs et exercés au pesage, si on ne veut s'exposer à perdre beaucoup de temps par la maladresse, la négligence, etc. Même en temps de paix, le temps accordé pour la confection des munitions est assez court, et à plus forte raison en campagne ou dans les siéges. Nous sommes donc autorisés à conclure que :

O

L'EMPLOI DU COTON-POUDRE AU LIEU DE LA POUDRE RENDRA BEAUCOUP PLUS PÉNIBLE LA CONFECTION DES MUNITIONS.

Ainsi, s'il est incontestable qu'un remplacement de la poudre ordinaire n'est à désirer qu'autant que le remplaçant, à prix égal, soit meilleur; ou à qualité égale soit à meilleur marché, les considérations ci-dessus exposées nous montrent que le coton ne remplit pas ces conditions.

Cette substance ne présente des avantages que sous un seul point de vue : c'est que pour obtenir les mêmes effets, on peut employer des charges ne pesant que le tiers de la charge de poudre.

Mais en examinant plus mûrement cet objet, on verra que l'avantage est peu considérable.

Nous avons vu ci-dessus qu'une livre de coton présente à peu près autant de volume que trois livres de poudre. Ainsi, sous le rapport de l'*espace* nous ne gagnons rien par cette réduction de poids. Nous ne pouvons donc pas changer, en vue d'économie, nos moyens de transports de munitions; ce qui serait d'ailleurs inexécutable pour d'autres raisons.

Voyons les diminutions qu'on obtiendrait sur le chargement des voitures.

Pièces de campagne.

Poids des pièces de	6 —	12
La voiture	4000 —	5200
Des munitions	692 —	450
Poudre	135 —	84
Réduction 2/3	90 —	56

L'auteur établit un calcul analogue pour les autres pièces de l'artillerie prussienne, et il déduit :

Obusier de 7 pesant 3,600, réduction 24 livres.

Charriot à obusier	7;	3,800, —	100
Canon de	6	4,000, —	90
Caisson à cartouc.	12;	4,020, —	266
Idem	6 ;	4,050, —	286
Canon de	12	5,200, —	56

Diminution insignifiante relativement au poids total.

CONCLUSIONS.

D'après les huit considérations exposées de A en O, il résulte que le coton-poudre comparé à la poudre ordinaire :

1° Est plus sujet aux influences de l'humidité;

2° Est plus altérable par l'influence d'une chaleur continue même modérée;

3° Est plus inflammable et à un tel degré que le maniement, la conservation et l'emploi peuvent être réputés dangereux;

4° Produit dans les circonstances ordinaires d'aussi grands effets mais ne développe pas une action dynamique aussi forte que la poudre; ainsi, par une température défavorable, il peut subir une grande diminution d'efficacité;

5° Présente plus d'inégalités dans son mode d'action;

6° N'engendre pas de fumée, ne laisse pas de résidu solide, mais bien de l'eau et du gaz cyanique si pénible aux assistants; et incomplètement décomposé, il engendre des acides qui attaquent les armes;

7° Ne développe pas un aussi haut degré de chaleur, dans la combustion, et développe du gaz oxyde de carbone, au lieu de gaz acide carbonique (1).

Le COTON-POUDRE n'a donc pas la qualité nécessaire pour remplacer la POUDRE A TIRER.

L'invention de Schœnbein n'étant pas connue, il n'est pas décidé si elle possède ou ne possède pas cette qualité. Mais outre que les caractères annoncés par le docteur Schœnbein appartiennent aussi au coton-poudre ci-dessus décrit, le même a annoncé dans les journaux que dans les explosions le rapport entre les effets des deux poudres est de 4 à 1; et, dans le tir, de 8 à 3; de plus, les expériences de Mayence, satisfaisantes sous le rapport des effets, ne le sont pas encore sous le rapport de la conservation; d'après le dire des

---

(1) D'après ce motif, le coton-poudre ne peut remplacer la poudre ordinaire dans les projectiles incendiaires qui exigent le développement d'un grand degré de chaleur. On ne peut l'employer non plus pour des amorces, des fusées, dont la matière doit être fortement comprimée.

journaux, le produit Schœnbein est très inflammable par la percussion d'un coup de marteau; il paraît ressortir de tous ces faits que le produit Schœnbein est le même que le coton-poudre dont il est question.

NOTICE

SUR LA DÉCOUVERTE DU COTON A TIRER,

Par M. C.-F. Schoenbein.

La substance à laquelle j'ai donné en allemand le nom de *schiesswolle* (coton à tirer) et en anglais celui de *gun cotton*, ayant excité une assez vive curiosité, il ne sera pas sans intérêt, pour le monde savant, d'apprendre avec quelque détail la voie qui m'a conduit à la découvrir.

Les résultats de mes recherches sur l'ozône m'ont appelé, dans le cours de ces deux dernières années, à tourner particulièrement mon attention sur les degrés d'oxydation de l'azote et principalement sur l'acide nitrique. Les nombreuses expériences que j'ai faites à ce sujet m'ont amené, ainsi que je l'ai exposé en détail dans les *Annales* de Poggendorff, à adopter une hypothèse particulière sur les soi-disant hydrates de l'acide nitrique, etc., de même que sur les nitrates normaux, les sulfates, etc.

Depuis longtemps j'avais des doutes sur l'existence de corps composés de cette nature, qui ne peuvent être isolés, et qui, assure-t-on, ne peuvent exister que combinés avec certaines autres substances; depuis longtemps aussi j'étais arrivé à l'idée, que j'ai formulée dans l'occasion, que l'introduction de ces combinaisons imaginaires n'avait été qu'un progrès apparent apporté à la chimie théorique, et qu'elle en avait même entravé le développement.

Tout le monde sait que ce qui contribua le plus à faire admettre l'existence de ces combinaisons fut l'opinion généralement reçue parmi les chimistes sur la nature de l'acide nitrique. Partant de l'existence de la combinaison d'azote NO_5, comme d'un fait démontré et indubitable, malgré l'impossibilité où ils sont de l'isoler, ils nomment toujours l'acide nitrique pour prouver l'existence de combinaisons qui ne peuvent subsister seules. Selon moi, il n'y a point de degré d'oxydation qui soit représenté par NO_5, et ce que les chimistes désignent par la formule $NO_5 + HO$ doit être considéré comme étant réellement $NO_4 + HO_2$; je suis de même disposé à voir, dans les nitrates normaux $NO_5 + RO$, des composés qui doivent être exprimés par $NO_4 + RO_2$. Entre autres motifs qui me portent à admettre cette opinion, je mentionnerai le fait que l'on peut obtenir l'acide nitrique hydraté ou un nitrate normal par le mélange direct de NO_4 avec HO_2 ou RO_2. D'autres considérations, que j'ai eu l'occasion d'exposer ailleurs, m'engagent aussi à regarder l'acide sulfurique hydraté comme devant avoir la forme $SO_2 + HO_2$, et non celle de $SO_3 + HO$, et un sulfate normal celle de $SO_2 + RO_2$; il me suffit de rappeler ici que SO_2 mis en présence de HO_2 donne naissance à ce qu'on appelle l'acide sulfurique hydraté, et que SO mis en présence de BaO_2 ou PbO_2 donne naissance à ce qu'on appelle sulfate d'oxyde de barium ou de plomb. La combinaison de Rose, à laquelle on a donné la formule $2SO_3 + NO_2$ doit avoir, selon moi, celle-ci : $2SO_2 + NO_4$; cela admis, je regarderais comme vraisemblable que le mélange de $2(SO_2 + HO_2)$ $= 2(SO_3 + HO))$ avec $NO_4 + HO_2 = NO_5 + HO)$ donne pour résultat $2SO + NO_4$, et qu'en même temps $3HO_2$ se dégagent ou forment une combinaison peu intime avec ce qu'on appelle le bisulfate de deutoxyde d'azote. En d'autres termes, je conjecturais qu'un mélange formé avec les hydrates de l'acide nitrique et de l'acide sulfurique posséderait une très grande puissance d'oxydation, et formerait une espèce d'eau régale, dans laquelle la combinaison HO_2 jouerait le rôle du chlore. Dans cette hypothèse, et au cas que l'on enlevât HO_2, au mélange acide à l'aide d'un corps oxydable convenable, il devait rester la combinaison de Rose.

Guidé par ces suppositions, qui, je le reconnais, peuvent être aussi peu fondées qu'elles sont contraires aux idées reçues parmi les chimistes, je commençai en décembre 1845 une série d'expériences dans le but de mettre mon hypothèse à l'épreuve; on verra, par ce qui va suivre, si les résultats auxquels je suis parvenu tendent à la confirmer.

J'ai mélangé ensemble de la fleur de soufre et une certaine quantité du mélange acide dont j'ai parlé ; aussitôt, même à la température de 0°, il s'est fait un vif dégagement de gaz acide sulfureux sans production de deutoxyde d'azote. Après la réaction, qui fut accompagnée d'un développement de calorique, il resta un liquide incolore, qui, mélangé avec de l'eau, dégagea une quantité considérable de deutoxyde d'azote, et se comporta en général comme l'aurait fait une dissolution de la combinaison de Rose dans de l'acide sulfurique hydraté.

Je dois ajouter ici qu'un mélange de 4 onces d'acide sulfurique hydraté avec une seule goutte d'acide nitrique, auquel on ajoute de la fleur de soufre, dégage encore une quantité sensible d'acide sulfureux. Pour s'assurer de la présence de ce dernier, on n'a qu'à tenir au-dessus du liquide une bande de papier qui a été recouverte de colle à l'iodure de potassium et légèrement bleuie par l'action du chlore. L'acide sulfureux, en se dégageant, fera promptement disparaître cette couleur bleue.

Le sélénium et le phosphore s'oxydent de même à de basses températures dans le mélange acide en question, et ce dernier se trouve par là modifié au point que, si on y ajoute de l'eau, il se fait un abondant dégagement de gaz deutoxyde d'azote.

L'iode même, à l'état de poudre et agité avec le mélange acide, absorbe très promptement de l'oxygène quand on l'expose à une basse température ; et alors il se forme, outre l'acide iodique, les combinaisons sur lesquelles M. Millon a attiré l'attention il n'y a pas longtemps. La réaction achevée, il reste un liquide qui, étendu avec de l'eau, donne un abondant dégagement de gaz deutoxyde d'azote et abandonne de l'iode. On trouvera prochainement dans les *Annales* de Poggendorff, d'amples détails sur tous ces faits.

Mes expériences sur l'azôme ayant fait voir que ce corps, que je considère comme un peroxyde d'hydrogène d'espèce à part, forme, ainsi que le chlore, à la température ordinaire, un composé particulier avec le gaz oléifiant, sans exercer, à ce qu'il paraît, la plus légère oxidation sur l'hydrogène non plus que sur le carbone de ce gaz, j'ai eu l'idée qu'il ne serait pas impossible que certaines matières organiques, exposées à une basse température, formassent aussi des combinaisons, soit avec le peroxyde d'hydrogène seul, qui, dans mon hypothèse, se trouve à l'état de combinaison ou de mélange dans le mélange acide, soit avec NO_4. C'est cette conjecture, bien singulière sans doute aux yeux des chimistes, qui m'a principalement engagé à commencer des expériences avec le sucre ordinaire.

J'ai fait un mélange d'une partie (volume) d'acide nitrique de 1,5 pesanteur spécifique, et de deux parties d'acide sulfurique de 1,85, à la température de $-1-2°$; j'y ai mis du sucre en poudre fine, de manière à former une bouillie très fluide. J'ai remué le tout, et, au bout de quelques minutes seulement, la substance sucrée s'est réunie en une masse visqueuse entièrement séparée du liquide acide, sans aucun dégagement de gaz. Cette masse pâteuse a été lavée à l'eau bouillante, jusqu'à ce que cette dernière n'ait plus exercé de réaction acide; après quoi je l'ai dépouillée, autant que j'ai pu, sous l'action d'une douce température, des particules aqueuses qui s'y trouvaient encore. La substance que j'ai obtenue alors possède les propriétés suivantes. Exposée à une basse température, elle est compacte et cassante; à une température douce on peut la pétrir comme de la résine de jalap, ce qui lui donne un éclat soyeux magnifique. Elle est à moitié liquide à la température de l'eau bouillante; à une température supérieure, elle dégage des vapeurs rouges; chauffée davantage encore, elle s'enflamme subitement et avec violence sans laisser de résidu sensible. Elle est presque insipide et incolore, transparente comme les résines, à peu près insoluble dans l'eau, mais facilement soluble dans les huiles essentielles, dans l'éther et l'acide nitrique concentré, et dans le plus grand nombre des cas, elle se comporte, en général, comme les résines sous le rapport chimique et sous le rapport physique : ainsi le frottement la rend très électro-négative. J'ajoute que le mélange acide au moyen duquel on a obtenu ce corps résineux possède une saveur amère extrêmement prononcée. Les *Annales* de Poggendorff donneront aussi sur ce point de plus grands détails.

J'ai voulu faire aussi des expériences avec d'autres matières organiques, et tout aussitôt j'ai découvert les unes après les autres toutes les substances dont il a été si fréquemment question dans ces derniers temps, surtout à l'académie de Paris. Tout cela se passait en décembre 1845 et dans les deux premiers mois de 1846. J'envoyai en mars des échantillons de mes nouvelles combinaisons à quelques-uns de mes amis, en particulier à MM. Faraday, Herschel et Grove. Il est tout au plus nécessaire de noter expressément que le coton à tirer faisait partie de ces produits; mais je dois ajouter qu'il était à peine découvert que je m'en servis pour des expériences de tir, dont le résultat fut si heureux, que j'y trouvai un encouragement à les continuer. Sur l'obligeante invitation qui me fut faite, je me rendis, vers le milieu d'avril, en Wurtemberg, et j'y fis des expériences avec le coton à tirer, soit dans l'arsenal de Ludwigsburg, en présence d'officiers supérieurs d'artillerie, soit à Stuttgard, devant le roi même. Dans le courant des mois de mai, juin et juillet, j'ai fait ensuite, dans cette ville même (Bâle), avec la bienveillante coopération de M. le commandant de Mechel, de M. Burkhardt, capitaine d'artillerie et d'autres officiers, de nombreuses expériences avec des armes de petit calibre, telles que pistolets, carabines, etc., puis aussi avec des mortiers et des canons ; expériences auxquelles M. le baron de Krüdener, ambassadeur de Russie, a plusieurs fois assisté. C'est moi-même, qu'on me permette de le dire, qui ai mis le feu à la première pièce de canon chargée avec du coton à tirer et à boulet, le 28 juillet si je ne me trompe, après que nous nous étions déjà assurés, par des essais avec des mortiers, que la substance en question pouvait servir aux armes de gros calibre.

Vers la même époque et antérieurement déjà, je me servis du coton à tirer pour faire sauter des rochers à Istein, dans le grand-duché de Bade, et de vieilles murailles à Bâle, et dans l'un et l'autre cas, j'eus lieu de m'assurer de la manière la plus indubitable de la supériorité de la nouvelle substance explosive sur la poudre ordinaire (1).

---

(1) C'est au mois de juin que je fabriquai aussi les premières capsules

Des expériences de ce genre, qui eurent lieu fréquemment et en présence d'un grand nombre de personnes, ne pouvaient rester longtemps ignorées, et les feuilles publiques ne tardèrent pas à donner, sans ma participation, des renseignements plus ou moins exacts sur les résultats que j'avais obtenus. Cette circonstance, jointe à la petite notice que je fis insérer dans le cahier de mai des *Annales* de Poggendorff, ne pouvaient manquer d'attirer l'attention des chimistes allemands; aussi, au milieu d'août, je reçus de M. Bœttger, professeur à Francfort, la nouvelle qu'il avait réussi à préparer du coton à tirer et d'autres substances. Nos deux noms se trouvèrent ainsi associés dans la découverte de la substance en question; quant à M. Bœttger, le coton à tirer devait avoir pour lui un intérêt tout particulier, puisque déjà antérieurement il avait découvert un acide organique qui s'enflamme aisément.

Au mois d'août également, j'allai en Angleterre, où, aidé de l'habile ingénieur M. Rich. Taylor, de Falmouth, je fis, dans les mines de Cornouailles, de nombreuses expériences, qui eurent un entier succès, au jugement de tous les témoins compétents. En plusieurs endroits de l'Angleterre, il se fit aussi, sous ma direction, des expériences sur l'action du coton à tirer, soit avec de petites armes à feu, soit avec des pièces d'artillerie, et les résultats obtenus furent très satisfaisants.

Jusque-là il n'avait été que peu ou point question en France du coton à tirer, et il paraîtrait que ce sont les courts rensei-

---

et que je m'en servis avec succès pour les mousquets, sous les yeux mêmes des officiers que j'ai nommés.

gnements que M. Grove donna à Southampton, en présence de l'Association britannique et les expériences dont il les accompagna qui attirèrent pour la première fois l'attention des chimistes français sur cette substance. A Paris, on jugea d'abord la chose assez peu croyable, on en fit même le sujet de quelques plaisanteries ; mais, lorsqu'il ne put plus régner aucun doute sur la réalité de la découverte et que plusieurs chimistes de l'Allemagne et d'autres pays eurent fait connaître les procédés dont ils se servaient pour préparer le coton à tirer ; alors on se prit d'un vif intérêt pour ce qui venait d'exciter la raillerie, et bientôt l'on prétendit retrouver dans le nouveau corps explosif une ancienne découverte française. C'était tout simplement, disait-on, la xyloïdine trouvée d'abord par M. Braconnot, puis étudiée de nouveau par M. Pelouze, et le seul mérite qu'on me laissât, était d'avoir eu le premier l'heureuse idée de mettre cette substance dans le canon d'un mousquet. La connaissance de la composition de la xyloïdine aurait dû suffire à ceux qui mirent en avant cette opinion, pour les convaincre qu'elle ne peut pas servir convenablement au tir des armes à feu, par la raison qu'elle renferme trop de carbone et trop peu d'oxygène, pour que la plus grande partie se transforme en matières gazeuses pendant la combustion. Il était d'ailleurs bien aisé de découvrir les différences essentielles qui existent entre la xyloïdine de Braconnot et le coton à tirer. Néanmoins l'erreur s'est maintenue durant quelques mois.

Les choses en étaient là, lorsque, le 4 novembre dernier, un chimiste écossais, M. Walter Crum, de Glasgow, publia un mémoire dans lequel il montra que le coton à tirer n'est pas le même produit que la xyloïdine, mais qu'il présente une composition essentiellement différente ; et vers le milieu du même mois, l'Académie de Paris reçut une communication de même nature. Alors le coton à tirer ne fut plus la xyloïdine, on l'appela pyroxyloïdine, et l'on reconnut que la première ne peut pas servir pour les armes à feu.

Si donc il est avéré que, dès le commencement de 1846, j'ai préparé le coton à tirer et l'ai appliqué au tir des armes à feu, et que M. Bœttger l'a fait au mois d'août, s'il est bien reconnu que la xyloïdine ne peut pas servir au même usage que ce coton, et s'il est de notoriété publique que ce que l'on appelle maintenant pyroxyloïdine n'a été porté à la connaissance de l'Académie française et du monde savant que vers le milieu de novembre dernier, il ne peut être sérieusement question d'attribuer à la France la découverte du coton à tirer, et de ne m'accorder d'autre mérite que d'avoir le premier appliqué à un usage pratique ce qu'un autre aurait découvert.

Je m'en remets, d'ailleurs, à la justice des Français pour décider auquel, de MM. Braconnot et Pelouze ou de moi, appartient l'honneur, non-seulement d'avoir le premier fait usage du nouveau corps en question, mais aussi de l'avoir préparé le premier. Je dois, de plus, ajouter expressément que ce n'est pas même la xyloïdine qui m'a mis sur la voie de ma découverte, quelque grands que soient ses rapports avec le coton à tirer : ce sont des idées théoriques, peut-être très erronées, mais qui m'appartiennent en propre, ainsi que quelques faits que j'ai découverts aussi le premier. *Suum cuique* est un principe de morale sur lequel repose la société entière; pourquoi ne serait-il pas strictement respecté dans la république des savants? M. Pelouze est un chimiste assez distingué, il possède déjà un assez beau nom, pour n'avoir pas besoin d'élever des prétentions sur les mérites d'autrui, et je suis bien persuadé que cet estimable savant, d'une loyauté connue, appréciant avec impartialité les faits tels qu'ils se sont passés, me rendra volontiers justice, ainsi que je crois y avoir droit.

Bâle, le 28 décembre 1846.

COTON A TIRER.

Sur sa composition chimique et sur quelques-unes de ses propriétés.

Par MM. les professeurs Schoenbein et Boettger.

Malgré le désir que nous avions d'attendre encore quelque temps avant de faire connaître la composition du coton à tirer, divers motifs nous déterminent à rompre le silence plus tôt que nous ne voulions le faire. L'un de nous a trouvé que la substance la plus propre à dissoudre et à purifier la fibre ligneuse explosive en général, et en particulier le coton à tirer, c'est l'éther acétique. Du coton à tirer, préparé ainsi avec le plus grand soin et soumis à la dessiccation au bain-marie à la température de 100° C., nous a donné à l'analyse le résultat suivant, pour cent parties :

	trouvé.	calculé.
Carbone. . . .	27,43	28,1
Hydrogène. . .	3,54	3,1
Azote.	14,26	14,5
Oxygène. . . .	54,77	54,3

D'après une analyse de M. Ballot, la xyloïdine la plus pure se compose comme suit :

	trouvé.	calculé.
Carbone. . . .	37,29	37,31
Hydrogène. . .	4,99	4,84
Azote.	5,17	5,76
Oxygène. . . .	52,55	52,09

Il suffit de la plus légère attention pour remarquer que la

composition du coton à tirer diffère considérablement de celle de la xyloïdine, et qu'il constitue une combinaison plus pauvre en carbone et plus riche en oxygène que celle de Braconnot; que, par conséquent, en brûlant, il doit produire plus de gaz, avoir une plus grande force explosive et laisser moins de résidu que la xyloïdine.

La différence qui existe entre ces deux substances ressort également de l'examen d'autres propriétés. Par exemple, on sait que, surtout à une température élevée, la xyloïdine est dissoute par du vinaigre concentré, et que, lorsqu'on y ajoute de l'eau, elle se sépare de nouveau sans être altérée, tandis que le coton à tirer est insoluble dans le même acide. A la température de l'eau bouillante, la xyloïdine se dissout, dans l'acide chlorhydrique de 1,12 pesanteur spécifique, et dans l'acide nitrique de 1,38, en un liquide incolore d'où l'eau ne peut plus séparer de xyloïdine. Le coton à tirer est complétement indifférent à l'égard de cet acide. La xyloïdine s'enflamme à 180°; le coton à tirer, exposé dans un bain d'huile, à la température de

210° s'inflamme instantanément,
200° — au bout de 12 secondes,
175° — — 30 —
150° — — 12 minutes,
130° ne s'enflamme jamais.

Nous donnerons sous peu de plus grands détails sur la force explosive du coton à tirer et sur la manière de le préparer.

TABLE DES MATIÈRES.

COTON DÉTONNANT.

Précis historique sur le coton détonnant. — Quels sont les hommes qui ont concouru à son invention ? 1

M. le docteur Otto prépare le coton détonnant. Sa lettre à la Gazette universelle. — Perfectionnement notable apporté à sa préparation de M. le docteur Otto. — Tir dans les petites armes. — Production acide. —Première épreuve dans un canon ; elle réussit. — Avantages et inconvénients que peut présenter l'emploi, à la guerre, du coton détonnant. — Expériences faites en Prusse. — Résultats remarquables. — — Nombreuses données d'expériences. — Résultats obtenus à Vienne. — Opinion à Saint-Pétersbourg. 5

COTON DÉTONNANT.

EXPÉRIENCES FAITES A LA DIRECTION DES POUDRES ET SALPÊTRES.

Préparation de divers échantillons. — Tir au fusil-pendule. — Résultats. — Observations diverses.—Résumé. 33

COTON EXPLOSIF.

Nouvelle préparation du coton explosif, par M. Gobel. — Il ne la fait pas connaître. — Elle donne plus de force que celle de M. Otto. — Expériences faites dans des carabines et des pistolets. — Leurs résultats. 42

COTON DÉTONNANT.

MM Schœnbein et Bœttger donnent l'analyse chimique de la poudre-coton de leur préparation. — Comparaison de sa composition avec celle de la xyloïdine. — Propriétés chimiques. — Degré d'inflammabilité. — MM. Schœnbein et Bœttger annoncent la prochaine publication de leur préparation et de leurs expériences. 45

LA POUDRE A TIRER ET LE COTON-POUDRE.

Parallèle, par E. Kayser. Traduction de M. Terquem. 49

NOTICE SUR LA DÉCOUVERTE DU COTON A TIRER,

Par M. Schœnbein. 69

COTON A TIRER.

Sur sa composition chimique et sur quelques-unes de ses propriétés, par MM. les professeurs Schœnbein et Bœttger. 79

FIN DE LA TABLE.

ANNONCES.

1. ***Considérations sur les effets de la grosse artillerie***, employée par les vaisseaux de guerre et dirigée contre eux, spécialement en ce qui concerne l'emploi des boulets creux et des bombes. Par T. F. Simmons, capitaine de l'artillerie royale anglaise. Traduit par E. J. Avec trois planches. In-8°, 1846.   7 fr. 50 c.

2. ***Considérations sur l'état actuel de notre marine***, supplément aux *considérations sur les effets de la grosse artillerie employée par les vaisseaux de guerre et dirigée contre eux*. Par T. F. Simmons, capitaine de l'artillerie anglaise. Traduit par E. J. In-8°, 1846.   3 fr.

3. ***De la construction des batteries*** dans la pratique de la guerre. Par Dupuget, avec une notice de M. Favé, capitaine d'artillerie, auteur du nouveau système de défense des places fortes. Vol. In-8°, 1846.   2 fr.

4. ***De la fortification*** et de la défense des grandes places. Par C. A. Wittich, major de l'artillerie prussienne. Traduit de l'allemand par Ed. de La Barre Duparcq, capitaine du génie. In-8° avec planches, 1847.   4 fr.

5. ***Des conditions de force de l'armée et de réserve***, sans augmentation de dépenses. Par l'auteur de Vauban, expliqué en ce qui concerne les moyens de défense de Paris. In-8°, 1846.   2 fr.

6. ***Etude des armes*** par le chevalier J. Xylander, major au corps royal des ingénieurs de Bavière, chevalier de plusieurs ordres, membre de l'académie royale des sciences militaires de Suède, docteur en philosophie. Troisième édition avec deux planches, augmentée par Klémens Schédel, capitaine au régiment royal d'artillerie bavaroise, prince Luitpol, professeur de tactique au corps royal des cadets, traduite de l'allemand, par M. D'Herbelot, capitaine d'artillerie, 1846-1847. 3 livraisons. Prix de chaque :   4 fr.

7. ***Géographie militaire de l'Europe***. Par le colonel de Rudtorffer. Première partie. Un volume grand in-8° à deux colonnes petit texte.   10 fr.

8. ***L'Algérie et l'opinion***. In-8°, 1847.   3 fr. 50 c.

9. ***L'armée et le phalanstère***, ou Lettre d'un sabre inintelligent à une plume infaillible. In-8°, 1846.   2 fr. 50 c.

10. ***Les batteries à pied montées***, mises en mesure de rivaliser

avantageusement avec les batteries à cheval, par un capitaine de l'ancienne artillerie à cheval. In-8°, 1846. 2 fr.

11. *Mémoires militaires* de Vauban et des ingénieurs Hüe de Caligny. Précédés d'un avant-propos. Par M. Favé, capitaine d'artillerie. In-8° avec trois planches, 1846. 7 fr. 50 c.

12. *Règles pour la conduite des opérations d'un siège*, déduites des expériences soigneusement faites. Ouvrage destiné à l'usage de l'école royale du génie de Chatham. Par C. W. Pasley, directeur de cette école. Traduit de l'anglais par E. J. Première partie relative à la préparation des matériaux nécessaires au tracé et à l'exécution de la première et de la deuxième parallèle, et des approches qui s'y rattachent. Deuxième édition. In-8° avec planches 1847. Première partie. 4 fr.

Relation de la défense de Schweidnitz, commandée par le général feld-maréchal-lieutenant, comte de Guasco, et attaque par M. le lieutenant-général Tauenzen, depuis le 20 juillet jusqu'au 9 octobre 1762, jour de la capitulation, avec une notice de M. Favé, capitaine d'artillerie, auteur du *nouveau système de défense des places fortes*, etc., avec plan. In-8°, 1846. 4 fr.

14. Réponse à l'auteur de l'artillerie sur l'état-major général de l'armée, par un officier supérieur en retraite. In-8°, 1846. 1 fr. 25 c.

15. *Traité de la défense des places fortes*, avec application à la place de Landau, rédigé en 1823, par Hüe de Caligny (Louis Roland), directeur-général des fortifications, des places et ports de haute et basse Normandie, commandant en chef du génie à l'armée de Bavière, etc. Précédé d'un avant-propos par M. Favé, capitaine d'artillerie, avec plan, ouvrage orné du portrait de l'auteur. In-8°, 1846. 7 fr. 50 c.

16. *Traité du dessin géométrique*, ou exposition complète de l'art du dessin linéaire, de la construction des ombres et du lavis, à l'usage des industriels, des savants et de ceux qui veulent s'instruire sans le secours de maîtres et *spécialement destiné pour* l'enseignement dans les écoles royales d'artillerie prussienne. Deuxième édition complétement refondue et augmentée. Traduit de l'allemand par le docteur Régnier. 2 vol. in-4° dont un de 30 planches. 25 fr.

Paris. — Imprim. de Lacour rue St-Hyacinthe-St-Michel, 33.

EN VENTE CHEZ LE MÊME ÉDITEUR :

1. Camps agricoles de l'Algérie, ou colonisation civile par l'emploi de l'armée. In-8, 1847. Prix : 3 fr. 50

2. Colonies militaires de la Russie, comparées aux confins militaires de l'Autriche, par le baron de Pidoll, conseiller Aulique. Traduction de M. Unger, professeur au collège Stanislas 1847 3 f 50 c.

3. Considérations sur les effets de la grosse artillerie, employée par les vaisseaux de guerre et dirigée contre eux, spécialement en ce qui concerne l'emploi des boulets creux et des bombes. Par T. F. Simmons, capitaine de l'artillerie royale anglaise. Traduit par E. J. Avec trois planches, in-8°, 1846. 7 fr. 50

4. Considérations sur l'état actuel de notre marine, supplément aux considérations sur les effets de la grosse artillerie employée par les vaisseaux de guerre et dirigée contre eux. Par T. F. Simmons, capitaine de l'artillerie anglaise. Traduit par E. J. In-8°, 1846. 3 fr

5. De la construction des batteries dans la Pratique de la guerre, Par Dupuget, avec une notice de M. Favé, capitaine d'artillerie, auteur du nouveau système de défense des places fortes. Vol. in-8°, 1846. 2 fr.

6. De la fortification et de la défense des grandes places, par C. A. Wittich, major de l'artillerie prussienne. Traduit de l'allemand par Ed. de La Barre Duparcq, capitaine du génie. In-8° avec planches, 1847. 4 fr.

7. Des conditions de force de l'armée et de réserve, sans augmentation de dépenses. Par l'auteur de Vauban, expliqué en ce qui concerne les moyens de défense de Paris. In-8, 1847. 2 fr.

8. Documents relatifs au Coton détonnant. In 8, 1847. 3 fr. 50 c.

9. Examen du nouveau système de ponts de chevalets proposé par le chevalier de B ago, major au grand état-major général autrichien, suivi de l'exposé d'un nouveau système de ponts militaires à supports flottants; par le baron P. E. Ma ice (de Sellou) capitaine du génie, ancien élève de l'École Polytechnique, in-8, avec planches, 1847. 2 f. 50

10. Étude des armes par le chevalier J. Xylander major au corps royal des ingénieurs de Bavière, chevalier de plusieurs ordres, membre de l'académie royale des sciences militaires de Suède, docteur en philosophie. Troisième édition avec deux planches, augmentée par Klémens Schédel, capitaine au régiment royal d'artillerie bavaroise, prince Luitpol, professeur de tactique au corps royal des cadets, ouvrage traduit de l'allemand par P. D'Herbelot, capitaine d'artillerie; revu, complété, considérablement augmenté et suivi d'un **Vocabulaire des armes** par le traducteur. 1847. 3 livraisons in-8, avec planches prix de chacune 4 fr.

11. Géographie militaire de l'Europe. Par le colonel Rudtorffer. Première partie. Un volume grand in-8, à deux colonnes petit texte. 10 fr.

12. Journal des opérations militaires et administratives du siège et blocus de Gênes, par le lieutenant-général baron Thiébault. Nouvelle édition. Ouvrage refait en son entier. Avec addition d'un second volume, comprenant un grand nombre de pièces, inédites, officielles et d'une haute importance 2 vol. in-8°, illustrés d'une carte et de deux portraits. 1847. Prix : 16 f.

13. L'Algérie et l'opinion. In-8, 1847 3 fr. 50 c.

14. L'armée et le phalanstère, ou lettre d'un sabre inintelligent à une plume infaillible. in-8° 1846. 2 fr. 50 c.

15 Les batteries à pied montées, mises en mesure de rivaliser avantageusement avec les batteries à cheval, par un capitaine de l'ancienne artillerie à cheval. In-8. 1846. 2 fr.

16. Lettre du chevalier Louis Cibrario, à Son Excellence le chevalier César de Saluce, sur l'artillerie du XIIIe au XVIIe siècle; traduite de l'italien et annotée par M. Terquem, professeur de sciences appliquées aux écoles de l'artillerie. In-8, 1847 2 fr. 50 c.

17. Mémoires militaires de Vauban et des ingénieurs Hüe de Caligny; précédés d'un avant-propos. Par M. Favé, capitaine d'artillerie. In-8 avec trois planches, 1846. 7 fr. 50 c.

18. Recueil des Bouches-à-feu les plus remarquables depuis l'origine de la poudre à canon jusqu'à ce jour, par le général d'artillerie Marion. — L'ouvrage sera divisé en trois parties; la première partie sera composée des planches 1 à 80 (livraisons 1 à 20). La deuxième, des planches 81 à 100 (livraisons 21 à 25). La troisième, des planches 101 à 120 (livraisons 26 à 30). Cette publication se fera par livraisons successives de quatre planches, grand in-folio, accompagnées de ou moins deux feuilles in-4 de texte Prix de chaque livraison, 15 f. Trois livraisons sont en vente.

19. Règles pour la conduite des opérations d'un siège, déduites des expériences soigneusement faites; ouvrage destiné à l'usage de l'école royale du génie de Chatham ; par C. W. Pasley, directeur de cette école; traduite de l'anglais par E. J. Première partie relative à la préparation des matériaux nécessaires au tracé et à l'exécution de la première et de la deuxième parallèle, et des approches qui s'y rattachent; deuxième édition. In-8 avec planches, 1847; première et deuxième parties. Prix de chacune : 4 fr.

20. Relation de la défense de Schweidnitz, commandée par le général feld-maréchal, lieutenant, comte de Guasco, et attaque par M. le lieutenant-général Tauenzen, depuis le 20 juillet jusqu'au 9 octobre 1762, jour de la capitulation, avec une notice de M. Favé, capitaine d'artillerie, auteur du *nouveau système de défense des places fortes*, avec plan. In-8, 1846. 4 fr.

21. Réponse à l'auteur de l'artillerie sur l'état-major général de l'armée, par un officier supérieur en retraite. In-8, 1846. 1 fr. 25 c.

22. Traité de la défense des places fortes avec application à la place de Landau, rédigé en 1623, par Hüe de Caligny (Louis Roland), directeur-général des fortifications, des places et ports de haute et basse Normandie, commandant un chef du génie à l'armée de Bavière, etc. Précédé d'un avant-propos par M. Favé, capitaine d'artillerie, avec plan ; ouvrage orné du portrait de l'auteur. In-8, 1846. 7 fr. 50 c.

23. Traité du dessin géométrique, ou exposition complète de l'art du dessin linéaire, de la construction des ombres et du lavis, à l'usage des industriels, des savants et de ceux qui veulent s'instruire sans le secours de maîtres, *et spécialement destiné pour l'enseignement dans les écoles royales d'artillerie prussiennes.* Deuxième édition complètement refondue et augmentée. Traduit de l'allemand par le docteur Régnier. 2 vol. in-4°, dont un de 30 planches. 1847. Prix : 25 f.

www.ingramcontent.com/pod-product-compliance
Lightning Source LLC
LaVergne TN
LVHW050650090426
835512LV00007B/1123